■纺织服装跟单手册

织造面料跟单

zhizao mianliao gendan

郭瑞良　主编

中国纺织出版社

内 容 提 要

本书对织造面料跟单工作进行了理论化和系统化阐述，提出了订单生存周期的概念，并以此为主线，介绍了订单生成期、执行期和完成期的基本工作内容及相关的纺织和外贸基础知识。同时，还介绍了与跟单员密切相关的客户与供应商管理方面的知识及部分计算机知识。

本书可作为刚从事跟单工作的跟单员指导用书，也可供资深跟单员参考，还可以作为纺织服装专业相应课程的教材。

图书在版编目(CIP)数据

织造面料跟单/郭瑞良主编. —北京：中国纺织出版社，2009.11(2020.1重印)
(纺织服装跟单手册)
ISBN 978-7-5064-5986-0
Ⅰ.织… Ⅱ.郭… Ⅲ.纺织品-生产管理-手册
Ⅳ.F407.816.2-62

中国版本图书馆CIP数据核字(2009)第174750号

策划编辑：张冬霞 江海华 责任编辑：王雷鸣
责任校对：楼旭红 责任设计：李 然 责任印制：何 艳

中国纺织出版社出版发行
地址：北京市朝阳区百子湾东里A407号楼 邮政编码：100124
销售电话：010—67004422 传真：010—87155801
http://www.c-textilep.com
E-mail:faxing@c-textilep.com
中国纺织出版社天猫旗舰店
官方微博 http://weibo.com/2119887771
三河市宏盛印务有限公司印刷 各地新华书店经销
2009年11月第1版 2020年1月第3次印刷
开本：710×1000 1/16 印张：12.5
字数：163千字 定价：49.00元

前言

QIANYAN

跟单工作是纺织企业管理中不可缺少的一个重要环节，直接影响着企业的产品质量、运作效率和经济效益。因此，很多纺织企业对跟单工作非常重视。另外，国家对跟单员的工作也越来越重视，并开始组织相关的培训认证工作，以使跟单工作系统化和理论化。

纺织行业经过前几年的战略调整和大规模技术改造，企业的产品研发能力和技术水平都有了长足进步，这使得面料企业的国际竞争力得到了大幅提高，面料出口竞争力逐年上升。同时，随着中国加入 WTO，很多面料生产企业的客户不再局限于国内。因此，外贸跟单变得越来越重要。本书以外贸跟单为主，将外贸跟单与生产跟单结合在一起，使读者对跟单工作能够深入认识、全面把握。

跟单工作比较琐碎繁杂，经验性很强，需要梳理。对很多刚毕业的大学生来说，跟单岗位又非常陌生。本书由多年从事跟单工作的高级跟单员与多年从事纺织服装教学工作的高校教师共同编写，试图从多个方面对跟单工作进行理论化，同时对跟单实践也进行了总结。另外，本书还对跟单工作中常用到的重点词汇加上了英文注释，以方便读者学习。

本书提出了订单生命周期的概念，并将订单的生命周期划分为订单生成期、订单执行期和订单完成期。然后，根据此流程组织全书的内容，使得本书的结构更加合理，主线更加清晰。全书共分为六章，第一章主要介绍跟单工作中的基本概念和订单生命周期的划分；第二章介绍与跟单员密切相关的客户与供应商的管理；第三、第四、第五章分别介绍订单生命周期的三个阶段的主要工作及相关基础知识；第六章介绍跟单员在实际工作中可能用到的计算机知识。

本书由北京服装学院郭瑞良、张辉与高级跟单员藏付江、田永娟合作编写。第一、第二、第四章由郭瑞良编写；第六章由张辉编写；第三章由藏付江编写；第五章由田永娟编写。书中用的部分资料由郭冠奎、罗纪强提供，李桥对本书的编写工作也提供了很大帮助，在此一并表示感谢。

由于编者水平有限，且时间紧迫，书中疏漏之处在所难免，敬请读者批评指正。

编者

2009 年 9 月

目录

第一章 织造面料跟单概述

本章主要内容

1. 介绍了订单和跟单方面的基本概念。
2. 根据企业类型，将织造面料跟单工作进行了分类，并明确了在不同类型企业中，跟单部门的作用、人员构成及跟单人员的岗位职责和能力要求。
3. 简单介绍了织造面料订单生存周期的概念、模型及阶段划分。

第一节 织造面料跟单简介

我国是纺织服装生产大国，同时也是纺织服装的消费大国，近几年的人均纤维消费量逐年增加，2008 年达到了人均 15.5kg，超过了世界平均水平。人们消费能力的提高，直接促进了我国织造面料的生产，2008 年我国面料产量为 527.73 亿 m。

我国纺织业(Textile Industry)经过前几年的战略调整和大规模技术改造，企业的产品研发能力和技术水平都有了长足进步，这使得面料企业的国际竞争力得到了大幅提高，主要体现在面料出口竞争力和数量逐年上升。2008 年，用于出口的织造面料超过我国生产总量的 35%。

2007 年以来，受到人民币升值、退税率降低及劳动力成本(Labor Cost)上升等因素的影响，面料出口面临前所未有的困难，但是 2007 年面料出口数量仍然实现了 20% 以上的增幅。这与我国织造面料企业竞争力的提高是密不可分的。另外，我国服装工业向外转移的步伐加快，也在一定程度上带动了面料出口增长。

由于我国面料市场的繁荣,面料企业出口能力的良好成长,从而提供了更多面料跟单员的岗位。同时,由于越来越多的面料企业加入到出口行列中,国际贸易中产生的面料订单也越来越多。因此,我们不能只了解工厂内的面料跟单,还要了解面料的外贸跟单。

一、订单的概念

订单(Order)广泛存在于现在的商品社会,它是指买家与卖家达成的订货协议。如今互联网的迅猛发展,大大促进了网上商品交易,而在网上购物时所下的订单属于终端消费者直接产生的小订单。发生在企业之间的、涉及金额巨大的订单则可以称为大订单。无论是大订单,还是小订单,都是发生在买卖双方之间的销售合同。

销售合同(Contract)可以简单分为正式合同和非正式合同两种形式。《联合国国际货物销售合同公约》第 11 条规定:“销售合同无须以书面订立或书面证明,在形式方面也不受任何其他条件的限制。销售合同可以用包括人证在内的任何方法证明。”我国是《公约》的缔约国,所以也遵守这条规定。同时,在我国的合同法中也有相应规定:“当事人订立合同,有书面形式、口头形式和其他形式。法律、行政法规规定采用书面形式的,应当采用书面形式。当事人约定采用书面形式的,应当采用书面形式。”正式合同内容细致、形式严谨,多见于新客户(Client)与供应商(Supplier)之间,一般为纸制合同,并有双方的确认盖章。非正式合同包括口头形式、E - mail 形式、传真和信函形式,并且它多见于老客户和供应商之间。通常情况下,非正式合同没有正式合同那么严格,但执行起来却同样具有约束买卖双方的法律效力。

订单内容一般包括产品的规格、性能、数量、单价、总金额、交货期、结算方式等。

订单既然是一种订货合同,那么就有甲方和乙方之分。甲方是订单的制订者,是买家(客户),所发生的行为是采购或者购买;乙方是订单的执行者,是卖家(供应商),所发生的行为是生产,即根据订单要求生产出满足要求的产品。

织造面料订单是指从事织造面料生产或贸易的企业从客户处所接的订货合同,它具有以上所述订单的一般特点,同时还包含自己特定的内容,如客户针对交货面料的检验标准等。

我国的很多纺织服装企业都是加工型企业,订单的多少和订单的利润直接决定了这些企业的发展。进入2008年以来,人民币对美元加速升值,使得很多以美国客户为主的纺织服装企业举步维艰,面临绝境。由此可见,订单对纺织服装企业的重要性。

二、织造面料跟单的概念

跟单工作产生于现代企业制度下的合理劳动分工,是分工细化的必然结果。国内企业对跟单岗位的认识来自香港,二十世纪七八十年代的香港制造业非常发达,劳动分工细致、岗位设置合理。后来,香港企业向内地转移,内地企业开始逐渐对跟单工作有了系统的认识。与订单一样,跟单工作也是广泛存在于制造业中。有产品的地方,就有订单;而有订单的地方,就有跟单工作。

跟单即对订单的跟进,具体来说是对订单从产生、执行到完成的全过程监督和跟进,以确保产品能够满足客户要求(包括产品质量要求、交货期要求等),从而顺利出货。跟单工作的难易程度取决于多方面因素,其中与订单的产品类型有很大关系,如果产品工艺简单、质量检验标准较少,则跟单工作相对简单,如玻璃花瓶或酒瓶类产品。而像织造面料类产品的跟单工作则相对复杂。

织造面料跟单与其他产品的跟单流程基本一致,也是贯穿订单的产生、执行和完成全过程,不同之处在于跟单的具体内容是围绕织造面料展开的。

三、织造面料跟单的种类和作用

我国的纺织服装企业主要以加工生产为主,大体可以分为贸易型企业(Trader)和生产型企业(Manufacturer)两类。贸易型企业一般是指不具备生产能力,以资本为主的中间商,其业务范围包括国内贸易(Internal Trade)和国际贸易(International Trade),本书在介绍贸易型企业时,主要介绍那些以服务国外客户为主的企业,所以直接称为外贸型企业。生产型企业是指拥有自己的加工厂,具备生产能力的企业。随着我国加入 WTO 和外贸法的实施,具有外贸经营权的生产企业越来越多,所以很多生产型企业都有自己的进出口部门,可以直接将自己的面料销往国外。因此,按是否具备进出口经营权,生产型企业又可以细分为两类。一类是主要按客户订单要求提供加工服务的企业,客户订单可以来自贸易型企业,也可以来自国内其他纺织服装企业,同时还可以是国内的零售商;另一类是集生产和贸易为一体的综合性生产型企业。

在不同类型的面料企业里,跟单工作有很大不同。为了让读者认识外贸型企业和生产型企业在订单管理方面的不同,本书将在多处分别介绍。

(一)织造面料跟单的种类

根据产生订单的双方性质和订单执行中工作内容的不同,织造面料跟单的种类划分会有所不同。

1. 根据产生订单的双方性质 根据产生订单的双方性质不同,跟单可划分为甲方跟单与乙方跟单。甲方跟单是指客户的跟单人员从事的工作;乙方跟单是指供应商的跟单人员从事的工作。甲方一般为服装制造商或贸易公司(当订单由服装制造商下给贸易公司时,贸易公司也会成为乙方),乙方一般为面料生产企业或加工厂。由于甲方跟单与乙方跟单的目的是一致的,即确保乙方能够按甲方提出的要求按时完成订单,所以双方是合作关系。当然,双方也会出现矛盾,如在交货期的确认、产品质量的判定等问题上。

2. 根据订单执行中的工作内容 从订单执行中的工作内容来看,贸易公司的跟单工作内容侧重于贸易过程控制(Process Control)与客户服务(Client Service),也可以称为贸易跟单;而生产企业跟单侧重于生产过程的跟踪(Track)和监督(Supervise),也可以称为生产跟单。从整个订单的执行过程来看,贸易跟单和生产跟单实际上属于整个跟单过程的不同阶段。在本书后面的内容中会以外贸跟单和生产跟单来区分不同的跟单种类。

在织造面料跟单的实践中,跟单工作通常以两种形式存在。一种是一人负责制，即从接单到订单完成的所有工作都由一个人负责；另一种是多人协作制，接单工作由专人负责，而对实际生产过程的监督和跟进工作则由其他人负责。通常情况下，由于订单处理的周期较长，且不同阶段所要求的技能不同，如外贸型企业的接单要求接单人员具备良好的外语水平和比较强的沟通能力，而实际生产过程的跟单则要求跟单人员对生产比较了解，所以整个跟单工作一般由多人协作完成，分工较细。当然，在一些规模较小的企业中，跟单工作可由一个人负责到底。

(二)织造面料跟单的作用

由于外贸型企业和生产型企业的面料跟单工作的内容不同，跟单工作在企业运营中所起的作用也不相同。

1. 外贸跟单的作用 外贸跟单工作的内容非常广泛，既涉及外贸业务，又涉及企业生产。在协助外贸业务谈判(报价)、样品开发、大货生产、质量检验及包装运输等方面都会有外贸跟单员的参与。因此，外贸跟单的作用非常大，具体表现有以下几方面。

(1)合理报价，确保订单利润。

(2)确保本公司及时准确完成订单。

(3)确保本公司与国外客户之间的准确、有效沟通，及时了解客户需求的变化。

(4)确保本公司与面料生产企业之间的有效沟通，及时将客户需求(Need of Client)的变化反映给面料生产企业。对于具有进出口经营权的生产型面料企业的跟单来说，由于本企业具有生产部门和加工车间，所以可能不需要与其他面料生产企业协调关系，但需要协调本公司内各部门之间的工作。

2. 生产跟单的作用

(1)确保面料生产企业及时、准确完成订单。

(2)确保面料生产企业与客户之间的有效沟通，及时了解客户需求的变化，使得面料生产企业能够迅速作出反应。

(3)协调面料生产企业各方面资源，使其对企业的贡献最大化。

第二节　织造面料跟单员

跟单员是指从事跟单工作的人员。在我国的外资企业以及香港企业中，他们称之为 Merchandiser，而国内有些企业则称为 Order Manager，这两种英文说法有何不同呢？

Order Manager 直译便是订单管理员，简单、直接地体现了岗位要求是对订单的管理。而 Merchandiser 还含有营销、买卖的意思，体现的岗位要求则是与买家和卖家的联系，跟单员需要跟客户和供应商打交道，协调本企业与他们之间的关系。这两种英文说法从不同的角度描述了跟单员，在实际工作中都可以使用，当然 Merchandiser 的使用更广泛些。

不同企业跟单部门的构成会有所不同，但对跟单员的岗位及能力要求却基本相同。

一、跟单部门的构成

从管理学的角度来说，组织的结构与组织战略、组织规模、组织采用的技术和组织所处的环境四方面因素有关。以上四个因素中的任何一个改变都会引起组织结构的变化。

纺织企业的结构（即部门的构成）同样受到以上四个因素的影响。具体到跟单部门的设立及构成，我们可以归结为企业类型、企业规模和订单中的产品类型三方面的影响因素。

企业类型是组织战略和其所处环境的直接反映。如前所述，我国的纺织服装企业大体可以分为贸易型企业和生产型企业两类。不同类型的企业中跟单部门的构成会略有不同。

企业规模在一定程度上决定了跟单部门的设立和构成。有些规模特别小的企业，跟单工作可能由老板助理或者贸易部门来承担，甚至有些时候由老板亲自担任；而一些规模较大的企业则分工相对较细，不仅有跟单部门，而且跟单部门中还设立不同的岗位。

订单中的产品类型直接决定了企业所采用的技术，很多产品比较简单的制造类企业并没有专门的跟单部门。而纺织服装企业，由于生产过程复杂，工艺较多，检验严格，往往需要设置专门的跟单部门完成订单的追踪和监督工作。

1. 外贸型企业中跟单部门的构成 此类型企业中跟单部门由跟单部主管或者经理（Manager）、高级跟单员（Senior Merchandiser）、跟单员及跟单助理（Assistant Merchandiser）构成。另外，很多公司会将质量检验员（QC）也设立在跟单部。一些跟单部门规模较大、订单较多、样品较多的公司，可能还会在跟单部门中设立一个样品管理员职位。

2. 生产型企业中跟单部门的构成 此类型企业中跟单部门由跟单部主管或者经理和跟单员构成。另外，生产型企业中的质量检验员（QC）一般设立在生产部门或质检部门。并且，生产型企业中一般都专门设置样品管理室，用于展示所生产面料的样品，因此会有专门的样品管理人员。

二、跟单员的岗位及能力要求

很多人认为跟单工作很简单，只需要勤跑腿、多动嘴就可以。勤跑腿是指多往各部门及生产现场跑，以便及时了解订单的生产情况；多动嘴是指多与其他部门沟通。还有人认为，跟单工作是企业的辅助工作，只是起到监督协调工作，并不重要，甚至公司秘书都可以完成。出现此类观点的原因，是由于这部分人并不了解跟单工作的内容和作用而导致的。

织造面料跟单工作是一项复杂的工作，从工作内容上看，它有两个特点。一是管理（Management）与技术（Technology）融合；二是工作内容跨度大。管理与技术融合是指这项工作既有管理的成分，又有实践中的技术成分，也就是说跟单工作既是一项管理工作，又是一项技术工作。其中，管理是指同别人一起，或通过别人使活动完成得更有效的过程。显然，跟单工作就是如此，当然它作为一项管理工作，又与企业真正管理者的工作有很大不同。跟单工作是一项技术工作，是指跟单员需要具备一定的专业知识。作为织造面料跟单员必须掌握一定的面料基础知识，如面料的基本组织、纱线线密度等。甚至，有时还需要跟单员了解一定的工艺知识，以便在订单样品不符合客户要求时，能够与工艺部门进行有效沟通。

跟单工作的跨度很大，上到企业总裁办公室，下到一般生产车间，都是跟单工作涉及的部门。某织造面料企业的跟单工作所涉及的部门如图1－1所示。

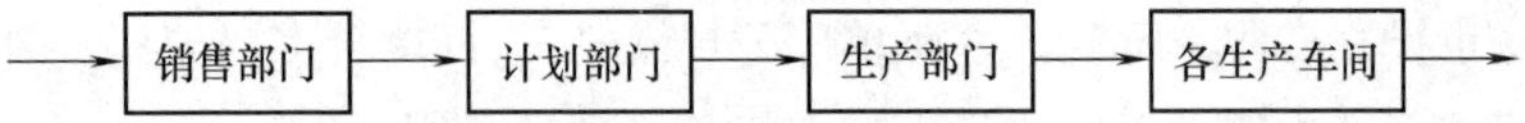

图1－1　跟单员的工作跨度

总之，织造面料跟单工作是一项复杂的工作，它既有管理的成分，又有技术的成分。作为面料跟单员有其基本要求，同时对于跟单部门中不同的岗位，又有不一样的岗位要求。

（一）外贸型企业中跟单员的基本职责及能力要求

1. 职责范围　通常情况下，跟单部的跟单员各自分管不同的客户，但他们的岗位职责基本相同。

（1）与分管的客户进行准确有效沟通，获取订单的准确信息。

（2）整理订单的具体信息，外发给生产企业。

（3）跟进和监督订单的执行情况，协调订单的生产进度。

（4）订单完成后，按客户要求对订单产品进行检验，对出现的问题能够及时与客户沟通解决。

（5）安排产品出货。

（6）对订单资料进行整理存档。

2. 能力要求

（1）具备较强的责任心，对于与订单有关的事情，要做到事事关心。

（2）具备良好的外语读写能力，并有一定的口语沟通能力。

（3）掌握必需的面料基础知识和一定的进出口知识。

（4）熟悉原料市场，能够合理报价。

（5）具备一定的计算机应用能力，能熟练使用常用的办公软件，并且还要了解纺织服装CAD方面的软件及使用。

（6）头脑灵活，有一定的应变能力，并具备良好的沟通和协调能力。

(7)掌握一定的跟单技巧。

(二)生产型企业中跟单员的基本职责及能力要求

订单进入生产企业后,通常就可以称为生产订单,主要由生产跟单员负责跟进。

1. 职责范围 通常情况下,跟单部的跟单员各自分管不同的客户。

(1)与客户交流沟通,获取生产订单的具体情况。

(2)跟进和监督订单的执行情况,协调订单的生产进度,以确保订单的交期。

(3)负责和掌控订单生产中的原料、半成品和成品的品质。

(4)生产过程中出现异常状况时,能够及时准确地捕捉到,并通知相关负责部门,协调解决。

(5)对订单资料进行整理存档。

2. 能力要求

(1)具备较强的责任心,对于与订单有关的事情,要做到事事关心。

(2)掌握必需的面料基础知识,最好有较长的工厂工作经历。

(3)熟悉面料生产的全过程,能够测算本企业的生产能力。

(4)头脑灵活,有一定的应变能力,具备良好的沟通和协调能力。

(5)能与工厂内部人员进行有效沟通。

(三)其他岗位的额外职责

跟单部主管或经理是跟单部门的领导,除了处理好自己分管的客户外,还要执行相应的管理职能。如负责部门内部工作的合理安排;处理本部门与其他部门之间的矛盾;对本部门职员工作的考核;指导新进职员的工作等。

三、外贸跟单员与其他外贸岗位的关系

在外贸公司里面,除了跟单员外,还有很多与国际贸易相关的从业岗位,如外销、单证、报关、报检和货运代理等。这些岗位的工作内容一般涉及外贸磋商谈判、货物运输与保险、商检与报关、制单结汇、理赔索赔和仲裁诉讼等整个进出口贸易的所有环节。在规模较大的公司里,岗位分工明确,可能都会设置以上岗位;而在规模较小的公司里面,有可能出现一人多

岗的现象，或者将某部分业务交给代理公司去做，如报关和货运可以交给代理公司做。

在工作内容方面，这些岗位与跟单员有很大不同。外销员主要负责接单，即联系客户、洽谈业务和签订合同，当然很多高级跟单员也可以自己接单；单证员主要负责商检、运输、保险、报关、结汇等环节的单证事务；报关员主要负责货物、运输工具、物品进出境时向海关办理进出口报关纳税等海关事务；报检员主要负责办理货物、运输工具、物品进出境时的商检事务；货运代理员主要负责办理货物进出境运输事务。外贸跟单员因为要协助接单，然后负责订单的执行，同时他还要参与前述岗位的部分工作内容。

第三节　织造面料订单的生存周期

外贸订单和生产订单，实际上是指订单的不同时期。为了阐述方便，本书将订单从产生（即接单）、执行到完成看作一个生存周期（Life Cycle），并将订单的生存周期划分为不同的阶段。以订单的生存周期作为主线来介绍跟单工作，可以使读者非常清晰地认识和理解订单所涉及的各项工作。

一、织造面料订单生存周期的模型

生存周期一般用于指事物从产生、发展到消亡的全过程。织造面料订单的生存周期可以理解为从订单的产生（即接单）、执行到完成的整个过程。在这个过程中可能需要不同的公司和不同的人员来共同完成，如某外贸型企业从国外客户接到一个5000m面料的订单，该订单的产生是由外贸公司完成的，而订单的执行则需要生产型企业完成。另外，根据不同类型企业在订单运作上的共同之处，作出订单的生存周期图，如图1－2所示。力求通过此流程图使读者对复杂的跟单工作有个清晰明确的认识。

根据订单的来源不同，可以将订单分为外贸订单和内销订单两类。外

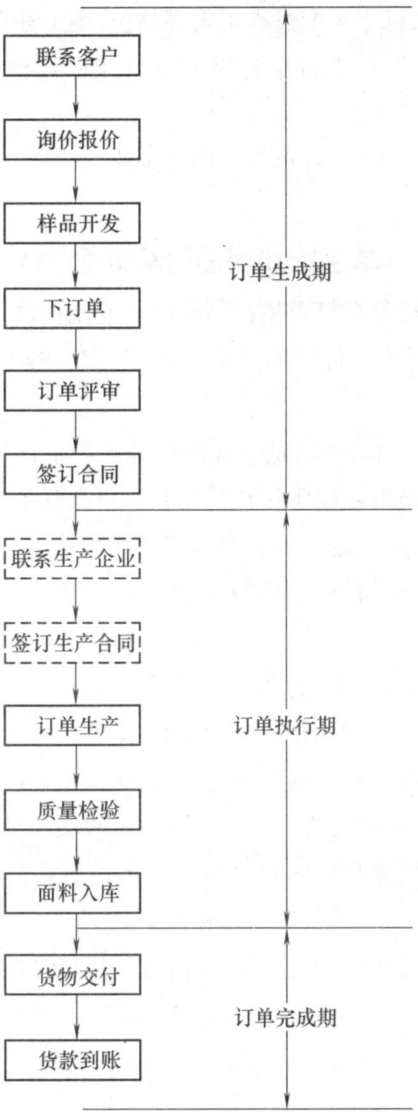

图 1－2　订单生存周期图

贸订单的生存周期要比内销订单长，经过的流程也要多，如还要涉及出口等方面的业务，但两种类型订单的基本流程是一样的。如果订单的生产过程或者生产过程的某段工艺需要外包（Contracting），则“联系生产企业”和“签订生产合同”两个环节（图 1－2 中的虚线框部分）就是订单生存周期的必须环节，如果订单生产过程不需要外包，则上述两个环节就不需要。在具体业务操作方面，两类订单有很大不同，如“货物交付”环节，外贸订单需要涉及出口方面的业务。

在本书中，主要以外贸订单为主进行讲述。

二、织造面料订单生存周期的阶段划分

为了更好地阐述整个订单生存周期的业务流程，可以将订单生存周期分为订单生成期、订单执行期和订单完成期三个阶段（Stage），如图 1－2 所示。

1. 订单生成（Beginning）期　此阶段是指产生订单的阶段，即接单阶段。在本阶段跟单员的主要工作包括与客户建立联系，根据客户询价进行报价，以及根据客户要求制作出客户满意的样品等。外贸跟单员因为需要从国外客户那里接单，所以需要做的工作要复杂些，如报价时，需要考虑不同价格术语的区别。

2. 订单执行（Executing）期　此阶段是指订单签订后，被执行的阶段。本阶段外贸跟单员的工作主要包括联系生产企业，对生产进行跟进，对产品质量进行把关，以及确保产品生产满足订单的质量要求和交货时间要求，并对生产完毕的产品进行包装入库。本阶段中负责订单生产的企业会安排专门的生产跟单员同时对订单的生产进行跟进。外贸跟单员与生产跟单员虽服务的公司不同，但目标一致。

3. 订单完成（Completing）期　此阶段是指产品按订单要求生产完成后的一些后续工作，主要是货物交付和货款结算。这一阶段的主要工作会因为订单的类型不同而有很大区别，如外贸订单除了货物交付外，还需要办理一些出口的相关手续。

本书主要通过这三个阶段来对织造面料的跟单过程进行详细的阐述。

第二章　客户与供应商的管理

本章主要内容

1. 介绍了企业开发客户的基本原则、途径、基本步骤，以及如何维护已有客户。
2. 介绍了企业开发和管理供应商（合作工厂）方面的经验，包括调查供应商信用、质量控制，以及对供应商进行评价等，并对客户验厂进行了介绍。

对客户与供应商的有效管理一直是制造企业管理中的一个重要方面，织造面料企业也不例外。因此，跟单员需要管理好客户和供应商，只有管理好客户，才能使自己企业得到订单；只有管理好供应商，才能使订单的产品保质、保量地完成，并准时交货。

第一节　客户管理

一、新客户的开发

（一）新客户开发的原则

应尽量把新客户变成老客户，并形成长期良好的合作关系。要想形成长期稳定的合作关系，就需要对客户进行筛选和剔除。选出有合作诚意，资金运转良好，付款及时，并符合本公司发展要求的客户；剔除没有诚意，只想索取样品或经常拖欠货款、经常恶意提出索赔的客户。

1. 门当户对原则　门当户对是指在客户开发的过程中，要选择开发那些与自己公司发展及规模相匹配的客户和合作伙伴。规模较大的公司要开发订单量较大，且有一定规模的客户，如果客户的订单量很小，就会浪费公司的内部资源，有的甚至做亏本生意；而规模较小的公司要选择那些规模也不是很大，订单量也不太大的客户，如果订单量太大，公司内部资源和能力有所不足，这样就有可能耽误订单的交货期，甚至会影响产品质量。只有找到与自己公司相匹配的客户和合作伙伴才能使企业得到长足的发展。

2. 互惠互利原则 不论是买方还是卖方，都要遵守互惠互利的原则。那些只是一味要求降低产品价格，而不管对方是否有利润空间的客户，最好还是多观察、多调查，因为这样的客户一般企业信用都不是很好，经常会利用一点小的事情而向卖方提出索赔。

3. 诚信原则 对买卖双方来说，诚信是基础，只有这样才能建立良好的长期合作关系。

（二）新客户的资信调查

资信调查（Credit Investigation）是指通过一定的途径了解有关企业的基本背景、信用状况、付款能力、不良记录等信息。通过对新客户进行资信调查，可以对新客户作出评估，以降低自身的商业风险。同时，资信调查还能够显示该客户是否有潜力成为企业的长期稳定的客户。因此，新客户的资信调查在客户开发工作中的作用非常重要。

目前，许多规模较大的贸易企业都会对客户的资信进行严格的调查，并依据资信程度订立不同的交易资信额度，以避免贸易合作时被恶意欺骗或拖欠货款等损失。

1. 资信调查的标准 不同的资信调查公司和机构，其标准不尽相同，但主要都是从如下三方面展开工作的。

（1）信用特征（Character）：具有商业道德的待开发客户，通常都能根据合同约定履行义务，不会轻易违约或提出索赔。如果跟单员要开发的客户有过毁约的历史，就代表他的信用很差，最好避免与其往来。不能因为能够拿到订单，而忽视了客户的信用问题，以至于最后让自己公司遭受损失。

（2）经营能力（Capacity）：经营能力强的待开发客户，对于交易上有关的专业知识及交易技术均有相当的认识与了解，进行交易时自然较为顺利，而且这类待开发客户的订单往往比较稳定。一般经营历史较久的待开发客户的经营能力也比较强，并具有较强的抗风险能力。选择这样的客户，在很大程度上会降低本公司的经营风险，一般不会出现货物生产完成后，客户却因为经营不善而拒绝提货的现象。

（3）资本（Capital）：资本是否雄厚，是买方能否付款的关键。如果待开发客户的资本不足，即使有良好的商业道德及经营能力，进行交易时仍难免力不从心；倘若有雄厚的资本作为后盾，必然能够使交易的进行更加顺利。

以上三点经常被业内人士称为"3C"原则，而在实际操作时，需要调查的项目就更多一些，具体包括：资本额（Capital）、创业时间（Year of Establishment）、组织形式（Form of Organization）、营业性质（经营商品项目）（Line of Business）、员工人数（Number of Employee）、总股份数、主要股东的股份数及其职务（Shareholders' Information）、过去三年营业额（Business Volume in The Past Three Years）、主要经营人员背景及能力（Top Management People）、与银行的往来情况（Bank Relations）以及过去三年的获利情况（Profit/Loss in The Past Three Years）等。

2. 资信调查的方法 虽然资信调查对于建立贸易关系非常重要，但一般企业并没有实力建立企业内部专门的调查机构，而且对于前面介绍的一些客户的被调查方面，企业比较难以取得，所以一般企业进行资信调查是依据相关机构提供的资料，再进行分析评估。主要通过往来银行、对方国家相关机构或第三方公司（即与该客户有过往来的公司）进行调查，也有些资金雄厚的公司通过专业资信调查机构代为调查。

（1）往来银行：在我国，很多商业银行都提供针对企业需要的客户资信调查业务，如中国银行、浦发银行等。这些银行一般都有专门负责资信调查的人员，并与国外的往来银行或者国际咨询机构有着长期合作关系，通过这些合作者，银行可以得到企业客户的很多信息，如资产负债、企业资金运营、营业性质、经营商品项目、负责人姓名等情况。所以，企业可以通过国内的商业银行办理此项业务。

在这里应注意银行的此项服务一般只针对本银行的开户客户，而且都要收取一定的费用。

（2）专业资信调查机构：国内外有很多专业的资信调查机构，如中国出口信用保险公司(简称中国信保)和国外的 Dun & Bradstreet 保险公司,它们可以提供非常详细的资信资料,如客户的资产负债表、损益表、资产项目、主管人员个人财务状况、营业额、设备数量、发展趋势及综合分析、评论等。企业也可以通过此类机构进行资信调查,这类机构的服务也是收费的。

(3)其他途径:企业如果只是了解客户的一般资信资料,如资本额、创业时间、组织形式、负责人姓名、营业项目、员工人数等,可以通过互联网及对方国家的相关机构(如进出口公会、商会)等途径进行了解。

(三)新客户开发的途径

1. 自己寻找

(1)利用互联网查找:互联网提供了一个更加广阔的空间,现在很多企业都通过互联网来寻找客户,它也成为目前最省钱、最便捷的途径。一种方法是生产商或贸易商可在国际互联网上建立主页、刊登广告、展示自己产品的目录,让客户自己找上门来,这称为"请进来"式;另一种方法是通过国际互联网上所公布的贸易机会、刊登的广告来寻找适当的客户,这称为"走出去"式。

(2)参加展览会:寻找客户的另外一个重要途径就是参加各种专业的交易展览会,如广州交易会、华东交易会和法国第一面料展(Tissu Premier)等。

(3)利用各种媒体:可以通过在专业贸易期刊上刊登广告,或者通过这些贸易期刊上的供求信息寻找客户并与之联系,如纺织服装周刊等。有实力的企业还可以在国内外做各种广告来提高知名度,以使客户主动找上门。

(4)利用现成的商业客户名单:国内外都有工商名录,可以通过它去函联络。但要注意这类工商名录往往每年更新一次,在使用时应注意是否为最新版本。

另外,还可以依据国内各贸易相关机构所发布的贸易机会发信联络,如国内贸易推广机构经常收到国外客户主动洽询的函电,或是驻外单位传回的贸易机会,跟单员可利用这些机构所发布的贸易机会与对方联系。

2. 第三方介绍

(1)通过现有客户介绍:通过现有客户介绍的一般都比较可靠,而且信用会比较好,值得把握。

(2)通过朋友介绍:通过业内朋友介绍的客户也很多。另外,以前合作客户的员工如果到新的公司任职,则很有可能把这个新的公司介绍过来,从而建立贸易关系。可见,与现有客户的职员建立良好的关系也很重要。

(3)通过各种商贸机构介绍:一般国内外进出口行业协会或商会有很多商业贸易的机会,因此与各种商贸机构建立良好的往来关系也很有必要。

(四)与新客户的初步联系

通过各种渠道找到潜在客户后,先要对其进行记录,然后与这些潜在客户联系,可以通过电话、邮件或发正式的招商函(Letter of Proposing Business)。在第一次与潜在客户联系时,要简要介绍自己及自己公司的基本情况及业务,提出建立业务关系的愿望,如果能附上本公司的产品目录和价格表就更好了。同时,应说清楚是通过什么渠道得到潜在客户公司的联系方式,这样会使对方更加放心。下面简单介绍一下产品目录和价格表。

1. 产品目录 产品目录是将本公司的主要产品以图片和文字说明的方式做成的册子。跟单员在与客户进行初步沟通的时候,可以将本公司的产品目录提供给客户。通过目录说明及图片,客户会对公司主要产品及能力有初步的认识,为以后的合作做铺垫。

2. 价格表 价格表又称为报价单。织造面料价格表的主要内容由纱线线密度、成分、幅宽、品种、组织及相应价格等组成,为了便于客户订货,有的公司还将交货条件、付款条件和检验标准等一并记于价格表中。

(五)初步洽谈合作事项

当织造面料的买卖双方经过初步联系及沟通后,有诚意进行进一步合作,就需要双方进行初步合作事项的洽谈,并达成一致意见。需要初步洽谈的事项有以下三个。

1. 付款方式及贸易价格术语 付款方式是初步洽谈及下订单前需要首先确定的内容，该项对于合作双方都非常重要。双方应该根据本公司常规操作形式选择符合本公司利益的付款方式。

贸易价格术语是国际贸易中关于价格条件的一种专门用语，它可以使合同条款更简洁、更标准。常用的贸易术语有 FOB、CIF 和 EXW 等。

2. 基本织造面料的生产周期 织造面料的种类很多，一般分为针织面料、机织面料；按印染加工和整理方式来分，有原色面料、漂白面料、染色面料、色织面料及印花面料等。由于面料种类的不同，其生产周期也不尽相同，所以在合作初期让客户知道公司常规产品的生产周期，并得到客户的认同是一个明智之举，这样客户就会做到心中有数，有利于以后双方更好的合作。

3. 样品收费情况 在下正式订单之前，客户都会要求制作很多样品，有的样品是公司以前做过的，成本也很低，而有的样品是需要公司根据客户的新要求进行开发，这就需要耗费一定的资金。因此，样品收费问题需要在合作初期进行确定。有的客户会要求把样品的费用平摊到订单中，这就需要跟单员对样品费用和客户能够下的订单量有一个大体的评估。一般情况下，生产厂家都会要求收样品的费用，对于没有下订单的样品还需要收取一定的开发费用，但这些都需要与客户进行商榷并得到确认。

二、老客户的维护

(一)建立客户信息档案

为每一个客户建立信息档案，是跟单员进行客户维护的第一步。很多跟单员管理着不止一个客户，为不同的客户分别建立信息档案，有利于日后跟单工作的条理化。如果客户出现需要紧急报价等情况，跟单员可以很清楚的分辨出此客户的资料，不至于出现因为客户资料混乱而让客户等待的情况。

跟单员可以通过客户日常的来电、传真或电子邮件，得到客户的一些基本联系信息(如客户联系人的姓名、所处的部门、性别以及职务等)，并将这些信息输入相应表格(表 2-1)备案。这里需要注意客户的信息是否变更，并要及时修改其信息。

表 2-1 客户基本资料表

客户编号: 年 月 日

名 称		地 址	
联系人		电 话	
传 真		E-mail	
客户经营信息			
资本额	万元	开始经营日期	年 月 日
往来银行		经营方式	
经营范围		员工人数	
年营业额			
本次交易信息			
付款方式		订单产品类别	
产品风格		订单量	
交期是否紧			
备 注			

(二)客户评估与分类

对客户进行评估与分类,有利于选择优质客户,剔除不合格的客户。评估工作主要是对至少有过一年交易的客户,评估的主要方面包括订单数量、技术难度、验货标准、交货期、产品价格、订单利润及付款情况等方面。

公司可以根据跟单员对自己客户的评估结果,对所有客户进行分类,一般分为A、B、C三类。其中A类客户的订单数量最大、订单利润最大,这是企业的重点客户,企业需要重点维护,特别是在生产排程上要优先考虑,以严格保证交货期;B类客户是那些订单数量较大或者有较大发展潜力的客户,跟单员也需要关注这类客户,因为他们有发展为A类客户的可能性;C类客户则是那些订单量很小、订单利润较小的客户,这类客户往往是刚刚起步的企业,因为服装生产量不够大,所以订单量较小。跟单员要注意跟踪此类客户,不需要重点维护。如果此类客户中有的客户连续两年利润很少,不值得花力气维护的话,就可以考虑剔除了。

(三)与客户的日常联络

跟单员与客户的日常联络主要是通过电话、传真或电子邮件等方式,通过日常联络,跟单员可以及时了解到客户对订单的各种要求。日常联络也有利于跟单员对客户的维护,可以及时处理客户的投诉,使得客户满意。

另外,跟单员也可以对A类客户进行定期拜访,一般在每年的新订单下单前,跟单员可以带着与订单有关的资料对客户进行拜访。

(四)客户的投诉处理

跟单员在从事跟单工作时,客户的投诉总是难免的。

1. 投诉的内容 一般投诉的内容主要包括产品质量、交货期等方面。

2. 解决的方法 跟单员在接到客户投诉后,要冷静处理。首先确认问题,然后与客户协商,最后实施处理。

确认问题的内容主要是确认责任方和原因。如果问题确实在自己,跟单员需要立即与有关部门确认问题的原因,同时与客户协商,以取得客户的谅解。最后,根据客户的要求,解决问题。

第二节 供应商的开发及维护

供应商是指能够向本企业提供生产上所需要资源的企业或个人,这些资源包括原材料、设备和劳务等。对外贸公司来说,能够为其提供样品或进行面料加工的生产企业就是供应商;对生产型企业来说,能够为其提供纱线等原材料或进行部分订单加工的企业是供应商。本节介绍的供应商,主要是外贸公司的供应商,通常被称为合作工厂(Collaborative Factory)。

不论是贸易型织造面料企业还是生产型织造面料企业,都需要开发一些长期稳定的合作工厂。对于外贸型企业来说,由于没有实际生产能力,在接到国外订单后,需要寻找合作工厂收集面料样品及签订加工合同;对于生产型企业来说,虽然本身有生产能力,但有时也会因为生产能力或工时的限制,需要其他工厂进行协助。

合作工厂合格与否非常重要,它会直接影响到订单的价格、质量和交期,如有的企业因为合作工厂选择不当,造成本企业的重大损失。另外,很多国外客户也会定期进行验厂,其目的是考核为其进行加工的企业是否达到他们所要求的标准。可见,开发一些稳定的合作工厂是保证纺织面料企业发展的重要工作。

不同的企业对合作工厂的开发工作有着不同的管理。一些规模较大的外贸公司会采取集中管理的方式,即由跟单部、采购部和质检部的不同人员组成一个小组,专门管理合作工厂的开发事宜。但大部分外贸公司会采取分散管理的方式,即每个跟单员根据自己客户和订单的情况自主开发合作工厂。

一、合作工厂的开发

在选定合作工厂之前,需要核实工厂的基本情况,调查工厂的信用,以及考察工厂的生产能力。

(一)工厂的基本情况核实

主要是核实企业法人登记注册情况。企业法人登记注册情况包括企业法人名称、经营场所、经营范围、注册资本、员工人数、成立时间及营业期限等。这些情况可以通过工厂当地的工商部门查询。

很多跟单员对工厂的基本情况不做核实,或者因为是朋友介绍的,便非常相信工厂,这为以后业务的发展留下了隐患。如某外贸公司的跟单员经朋友介绍认识了一家规模较大的加工厂,在没有对工厂进行深入调查前,就把订单交给了此工厂。工厂的前期生产状况良好,后期的质量检验也很好。但就在产品装箱准备出货前,工厂出问题了。工厂的经营场所是租赁的,因为拖欠租赁费,被当地有关部门暂时查封了,所有的货物都不准运出。这位跟单员只能眼看着自己的货物被封,而没有任何办法。

(二)合作工厂的资信调查

在选择合作工厂的时候,首先需要对该工厂的资信进行调查,这样才能保证以后的合作顺利进行。当然,一般的合作工厂都在国内,所以资信方面的调查就相对容易。

（三）工厂的规模

很多跟单员在联系合作工厂时，首先考虑的是工厂的规模。因为规模较大的工厂一般生产能力和技术储备都较好，且质量控制方面也会做得不错。但规模较大的工厂一般工期安排的比较紧张，对外贸公司的订单也会比较挑剔，同时价格也会比规模小的工厂高些。

规模较小的工厂往往合作热情比较高、态度比较好，但缺点是他们的技术力量薄弱，对一些复杂的、技术要求高的订单往往力不从心，而且，在质量控制和生产管理方面可能做得不够好。跟单员在选择小工厂作为合作工厂时，除了考虑价格、交期和合作态度等“硬”因素外，还要考虑合作工厂是否具备技术创新能力及可持续发展能力等“软”因素。

（四）工厂的生产状况考察

在开发合作工厂时，生产能力、质量控制等是考虑的重点。要选择生产能力相对较强、质量控制体系完整的工厂，这样订单的跟单工作会相对轻松，同时还可以保证订单保质、保量地完成。工厂的生产状况，可以通过以下几个方面进行考察。

（1）订单中的产品是否为工厂的主要生产品种。通过这项考察可以看出生产企业的技术储备是否有生产此类产品的能力。

（2）生产企业是否做过外贸订单。外贸订单和内销订单的产品检验标准、技术要求等方面有很多不同之处，如果生产企业做过外贸订单，那么对跟单员所负责的外贸订单生产会相对容易些。同时也可以看出生产企业是否有过被国外客户验厂的经验。

（3）生产企业是否加工过你所负责客户的产品。如果加工过的话，跟单员与生产企业会比较容易沟通，省去很多麻烦。

（4）核实企业的质量控制状况。主要包括核实企业有无专门的质量检验部门、是否通过ISO认证等。

（5）测算企业的实际生产能力。通过考察企业的厂房面积、机器设备情况、员工总数等，简单测算下企业的实际生产能力，判断企业是否有能力接单。特别对于一些数量较大的订单，跟单员更要测算一下，以免耽误交期。

（五）企业的社会责任考察

对国外客户来说，企业的社会责任非常重要，他们一般专门委托相关的机构验厂，所以外贸跟单员也需要对生产企业进行这方面的考察。

（六）国外客户对合作工厂的调查

外贸公司开发合作工厂，在一定程度上是为国外客户选择供应商。很多规模较大的国外客户对选择供应商方面非常严格，他们的代表在与外贸公司合作之前，一般需要供应商填写一份调查表（Questionnaire）。调查表的内容非常全面，涵盖了质量控制、测试标准及机器设备状况等。某国外客户对印染供应商的调查表见表2－2（由于篇幅问题，只列出了一部分）。

表2－2　印染供应商调查表

Factory Name（工厂名称）		Factory Location（工厂地址）	
Phone（电话）		E－mail（电子邮件）	
Manufacturer Name（生产商名称）		Manufacturer Address（生产商地址）	
Business relationship Manufacturer with factory（生产商与工厂的关系）			
QUALITY CONTROL（质量控制）			
What percentage of bulk batches are topped up or redyed（重染的大货批次的百分比）			
What percentage of bulk batches are refinished for shrinkage, skew etc（由于缩率和纬弧而重新整理的百分比）			
What percentage of fabric is rejected at exam（在验货时面料拒收的百分比）			
Other recognised quality/Environmental systems e. g ISO, Okotex（其他认可的质量体系，如ISO国际认证、Okotex绿色生态纺织品认证）			
TESTING LAB（测试实验室）			
Accredited lab for colour fastness tests（认可的测试色牢度的实验室）			
Accredited lab for physical tests（认可的物理性能测试实验室）			

续表

Colour measurement equipment (测色设备)	
DYEING LAB(染色实验室)	
Auto Dispenser(自动分色仪)	
Electronic Pipettes(电子吸液管)	
Computer recipe prediction(计算机染色配方预测)	
DYEING MACHINES(染色机械)	
Jets(喷染机)	
Jigs(卷染机)	
Cold Pad Batch(冷轧堆染色机)	
Beams(轴染机)	
PRINTING MACHINES(印花机械)	
Rotary(圆网印花)	
Flat Bed(平网印花)	
FINISHING EQUIPMENT(后整理设备)	
Relax Driers(松式烘干机)	
Stenters(拉幅机)	
Brushing(刷毛机)	
Sueding(起绒机)	

二、合作工厂的管理

对合作工厂的管理可以通过以下几个方面实现,当然不同的企业可能会有所不同。

(一)建立合作工厂档案

为每一家合作工厂建立档案是对合作工厂进行有效管理的第一步,也是跟单工作条理化的必须步骤。档案信息主要包括开发合作工厂时调查到的基本信息、生产状况、主要产品及其主要客户等,具体见表2-3。

表 2－3　供应商基本资料表

工厂编号：　　　　　　　　　　　　　　　　　　　　　　　　年　月　日

名　　称		法　　人	
地　　址		联 系 人	
电　　话		传　　真	
E－mail			

工厂基本信息

资本额	万元	建厂登记日期	年　月　日
往来银行		营业执照	
经营范围		营业期限	
年营业额		员工人数	
付款条件			

机器设备情况

名　　称	台　数	厂牌规格	购入时间	购入成本	性　能

主要产品

名　　称	比　例	名　称	比　例

其他情况

是否做过外贸订单？哪个国家的？	
有无专门的质量检验部门？	
质量认证情况	
是否加工过你所负责的客户产品？	
备注	

(二)对合作工厂进行评价

作为跟单员,对自己的合作工厂进行评价是非常重要的工作。跟单员可以为每一个合作工厂建立相应的评价表,内容一般包括产品质量、交期、价格和合作态度等方面,具体见表2-4。跟单员需要对表中每一项进行打分,可以定期(如三个月或半年)或者按订单做评价,对于评价不合格的合作工厂应该考虑淘汰。

表2-4　供应商评价表

工厂编号　　　　　　　　　　　　　　　　　　　　年　　月　　日

<table>
<tr><td>工厂名称</td><td colspan="2"></td><td colspan="2">订单号</td><td colspan="2"></td></tr>
<tr><td>地　址</td><td colspan="2"></td><td colspan="2">产品名称</td><td colspan="2"></td></tr>
<tr><td>评价项目 / 起止时间</td><td>品质评价</td><td>交期评价</td><td>价格评价</td><td>服务评价</td><td>其　他</td><td>合计得分</td></tr>
<tr><td></td><td></td><td></td><td></td><td></td><td></td><td></td></tr>
<tr><td></td><td></td><td></td><td></td><td></td><td></td><td></td></tr>
<tr><td></td><td></td><td></td><td></td><td></td><td></td><td></td></tr>
<tr><td></td><td></td><td></td><td></td><td></td><td></td><td></td></tr>
<tr><td colspan="2">得分总和:</td><td colspan="2">平均得分:</td><td colspan="3">评价等级:</td></tr>
<tr><td colspan="7">处理意见:</td></tr>
</table>

跟单员可以按照本部门的规定将各项目所占分数进行分配,如品质评价为45分,交期评价为25分,价格评价为15分,服务评价为10分,其他评价为5分。具体分数计算如下。

1. 品质评价　根据QC对产品验收的批次合格率进行评分。得分=45×产品批次合格率。

2. 交期评价　根据是否满足订单规定的交货日期进行评分,如期交货得分25分;延迟1~2日每批次扣2分;延迟3~4日每批次扣5分等。

3. 价格评价 根据其报价与其他合作工厂进行比较评分，价格公平合理、报价迅速得 10 分；价格尚属公平、报价缓慢得 8 分等。

4. 服务评价 主要是针对合作工厂对不合格产品的处理评分，处理及时、态度良好得 10 分；处理及时，态度不好得 8 分等。对于此方面的评价，跟单员可以自己把握。

（三）与合作工厂关系的维护

与合作工厂良好关系的维护是靠双方一起努力的，作为外贸公司一方，也需要从多个方面进行把握。

1. 付款条件 在签订生产合同前，外贸公司与合作工厂需要协商付款条件，包括订金的额度、全额付款的时间等，并作为生产合同的一部分确定下来。外贸公司在验收产品合格之后，需要按照合同规定及时付款，合作工厂对此非常看重。有些外贸公司可能因为资金问题，不能及时付款给合作工厂，必须立即与合作工厂沟通，取得谅解。

2. 合作态度 把合作工厂当做自己企业的一部分来看待，可以增进相互间的信任，有利于长期稳定关系的建立。跟单员比较熟悉自己客户的产品检验标准，可以把这方面的经验与合作工厂分享。另外，跟单员也需要积极参与到样品开发工作中，多与合作工厂进行交流。那些没有多少加工外贸订单经验的合作工厂对这些是很欢迎的。

3. 明确责任 在签订生产合同前，需要对产品质量、交期等明确双方责任。如果订单一旦出现问题，双方可以按照合同进行处理，这样可以避免因为责任不清，而伤害到双方的合作关系。

4. 如何结束合作关系 在结束合作关系时，跟单员要认真对待，尽量做到友好结束。

三、客户验厂

（一）验厂的目的和作用

验厂的主要目的是为客户挑选合适的加工厂，减少客户销售风险，提高工厂的社会责任意识，并在一定程度上增强企业竞争力，提高企业管理水平。可见，验厂对客户和生产企业都是有好处的。

(二)验厂的单位

国内有一些验厂指定单位,如ITS、CSCC等公司,这些公司受国外客户的委托到指定的加工厂进行验厂。当然,有些国外客户也会亲自进行验厂。

有些客户亲自验厂前,并不明确告诉加工厂,等到达工厂后,才提出一些验厂要求。当然,这些要求一般并不需要工厂花时间准备,如客户可能提出到生产现场看一下,以便了解生产安全状况(如消防设施、医药箱)及工人操作习惯(是否有不正确的操作或带有危险性的操作)等。客户亲自验厂的内容可能不多,但很重要,往往决定了工厂是否能够接到订单,所以加工厂需要多加注意。

(三)验厂的内容

客户委托的验厂人员来到生产企业后,一般会进行如下方面的工作。

(1)查看企业所有地方,包括仓库、车间和食堂等。

(2)对员工进行访谈。

(3)查阅相关的企业文件。如营业执照、厂房平面结构图、企业组织结构图、生产品种、月产量和年产量报表、生产设备清单及保养记录、实际出货量的年度报表、主要客户资料、企业质检报告、员工工资资料及考勤记录、员工保险资料及防火演习资料等。通过对以上文件的检验,验厂人员主要查看企业是否存在以下违规的行为。

①企业有无健康安全的工作环境,有无强迫劳动。

②企业是否存在使用童工的情况。

③企业是否要求员工经常在一周内工作超过40h,每周加班是否超过12h。

④企业是否要求员工在受雇起始时缴纳押金或寄存身份证件。

⑤企业的员工工资是否达到了本国规定的最低工资标准。

(4)检查结果及验厂报告。验厂人员对生产企业上述所有方面检验完毕后,会出一份正式的验厂报告,交给客户。

第三节 案 例

下面以某面料生产企业接到其客户(某贸易公司)的通知,最近国外客户 A 指定 CSCC(CAL SAFETY COMPLIANCE CORPORATION,欧洲安全合作协会,在下文中简称为 CSCC)对其进行验厂为案例,介绍一下验厂的过程。

一、验厂前需要填写的资料

在验厂前,CSCC 会书面通知被验厂的生产企业,通知的内容主要包括需要生产企业准备的被检验资料及大约的时间安排。

生产企业在收到 CSCC 关于验厂的书面通知后,要在规定的时间内进行确认,并将确认后的通知回传给 CSCC。

验厂通知书样张

Corporate Headquarters ××,CA,USA

Tel:213 - 747 - ××××

Fax:213 - 747 - ××××

日期:Sep 20,2007

亲爱的商业合作伙伴:Zhejiang ×××××

致:louise Liu　传真:(86)574 57××××

客户 A 要求所有的商业合作伙伴参与一个工厂评核。这个评核将包括巡查厂房,生产分析,员工访问,劳动力评核和安全卫生评估。客户 A 承诺在生产的过程中,符合劳工及安全标准的同时,会继续对当地的社区及环境作正面的影响。我们力求与各合作伙伴共同分享我们的经验。

客户 A 委托 CSCC 派代表到你们的工厂以作实地考察。所有被评估过的供货商,代理商或其他经营者都认为此举非常有教育意义,亦在劳动法、人力资源和环境问题等地方,有更深刻的了解。

如各位能够为审查时提供以下具体资料(如适用)我们将不胜感激。任何技术性资料和/或生产重要工序将被妥善处理及保密。

(1)所有员工的工时记录、加班记录、工资表、计件记录、银行转账记录。

(2)全体员工的劳动合同。

(3)全体员工的人事档案、入厂登记表、身份证复印件、请假记录、离职员工申请表及工资支付记录。

(4)生产设备清单及特种设备的验收、检修记录，各种特种设备年检记录或使用许可(如电梯、锅炉安全年检)，各种特种设备员工上岗证(如叉车驾照、电工证)。

(5)厂规、厂记和员工奖惩记录。

(6)社会保险缴费记录及相关批文。

(7)消防演习、消防培训记录和消防设施检查记录。

(8)生产订单或加工合同。

(9)中间商资料、出口文件、船运文件以及境外加工协议证明文件。

(10)外发加工厂资料(如外发加工厂联系信息，外发加工记录)。

(11)营业执照、税务登记证、厨房卫生许可证、厨工健康证、未成年员工体检记录及上岗登记证、竣工验收证明。

(12)排污许可证、有害(危险)废物排放许可证、化学品列表及其物质安全资料表、废物处理程序。

(13)其他政府部门批准或许可证书(如综合计时制或其他种类之加班批文)。

(14)其他认证证书(如 ISO 9000、ISO 1400、SA 8000 等)。

(15)新进员工和转换岗位员工的安全卫生培训及岗位培训记录，以及化学品人员培训记录。

(16)工伤事故记录、急救人员培训证书。

(17)各个岗位风险及所应提供之个人保护用品的评估。

(18)车间湿度、温度记录，车间噪声测试记录。

(19)工会相关文件记录。

(20)工厂平面图。

(21)员工需正常出勤，以进行完整的评估。

CSCC 将安排此次核查于 2007 年 8 月 1 日—2008 年 10 月 1 日(CSCC 将在此段时间内任意一天到工厂进行评估，根据客户要求具体日期不便通知工厂)。如有任何疑问请联络我们的 CSCC 代表，Katy Chen。

电话:86 - 755 - ××××××××

传真:86 - 755 - ××××××××

E－mail：

请签署并确认，在48小时内传回此传真。

签署：____________________ 姓名：____________________

职位：____________________ 日期：____________________

工厂中文名字及地址：____________________

工厂人数：____________________

请注明国庆期间工厂放假安排____________________

二、实际验厂的工作流程

验厂时间为2008年9月25日，验厂地点为该纺织面料生产厂，验厂人员有2人，具体验厂过程如下。

（1）上午8:45，审核员自行来到工厂门口，出示身份证明。在填完访客登记后，直接进入写字楼。

（2）找到工厂相关联系人后，召开临时会议，主要由工厂的管理人员参加。会议上声明，该审核员有权查看及询问工厂的一切，工厂方面应全力配合；出示检查清单，并请工厂方面立即准备文件（上面提前通知过）；询问并填写工厂基本问题；详细询问工厂结构。

（3）上午10:00，其中一位验厂人员巡视生产现场。主要检查每个车间有无两个安全出口，消防通道有无堵塞，逃生黄线有无褪色，每个药箱的急救用品配置及药箱数量，仔细查看安全逃生指示图有无标明所在位置，检查各车间电路开关，危险品的存放与标示，工人劳保用品的配备，检查其商标是否与订单相符等。

（4）同时，另一人检查文件。

①公司的基本证件，具体包括营业执照、国地税执照、劳动年审证、社保年审证、排污许可证、加班批文、社保达标批文、员工手册、ISO证书等。

②员工档案、合同。

③调出工人7～8个月的考勤记录和工资发放明细。对工人的加班时间和薪酬进行审核，查看是否达到国家规定和法律要求。

④询问有无工会、招聘工人条件、员工最大年龄与最小年龄、男女比例、保安人数及有无搜身现象等。

⑤要求提供消防演习记录、急救培训记录、危险品 MSDS 和设备清单。

⑥目前工厂订单中不同客户的百分比,委托验厂客户最近的订单,交货期,月产量,外发加工工序、工厂名称、地址、电话、联系人,有无参加行业协会。

(5)中午 12:00 外卖饭盒,自付,不接受请客吃饭。不午休,继续查看文件。

(6)下午 1:30(正常工人上班时间)进行员工访谈。

访谈的对象有随机抽取出来的,也有审核员巡视现场时挑选的。另外,要求工厂必须提供单独的房间与员工进行访谈。抽取访谈对象的数量是根据工厂员工数量以及相应的比例来确定的。

(7)评审总结,填写改善行动总结表,具体见下面详述。写好后需要让工厂负责人审阅并签字。

(8)16:20 验厂人员离开。

三、验厂评审总结

评审总结主要由两部分组成,即一部分是交给生产企业的改进计划(Corrective Action Plan),另一部分是交给国外客户的评审报告(International Assessment Report)。

改进计划主要包括审核员根据本次检查的结果,给工厂提出的建设性意见以及期望整改好的时间。

评审报告是审核员针对本次检查,提交给客户的最终验厂报告,其中包括本次检验的评审得分以及风险系数等。该报告提供给客户,让客户作为是否下订单给该供应商的参考文件。如果该工厂经检查风险系数很高,则客户就会考虑是否还需要继续与其合作。

第三章　订单生成期的跟单工作

本章主要内容

1. 主要介绍了与订单生成期的跟单工作相关基础知识。
2. 从样品开发流程、颜色样、询价报价、订单评审及签订合同等五个方面详细阐述了订单生成期的基本工作内容。
3. 介绍了订单生成期的跟单工作中可能遇到的一些常见问题及处理。

第一节　相关基础知识

一、纤维与纱线基础知识

纱线是构成面料的基本单位,很多纱线以不同的方式交织或编织在一起就形成了面料。而纤维是构成纱线的基本单位,很多纤维聚集在一起就形成了纱线。

(一)纤维基础知识

1. 纤维的分类　用于生产纺织制品的纤维称为纺织纤维。纺织纤维的种类繁多,主要分为天然纤维和化学纤维两大类。具体分类如图 3-1 所示。

(1)天然纤维:由自然界直接获取的纤维称为天然纤维,常见的有棉、麻、毛和丝。其中,棉又可以分为普通白棉和彩色棉两种,彩色棉是经过科学培育出来的有颜色棉花;麻纤维有亚麻和苎麻两种;毛常用的种类很多,如羊毛、兔毛和驼毛等;丝包括桑蚕丝和柞蚕丝。

(2)化学纤维:由人工合成的纤维称为化学纤维,常见的有粘胶纤维、蛋白质纤维、聚酯纤维等。化学纤维又可分为再生纤维和合成纤维两类。再生纤维是指利用自然界已经存在的高分子物质作为原料(如棉籽、木浆、大豆等),经过化学方法而制得的纤维;合成纤维是利用煤、石油、天然气等低分子物质,经过化学合成而制得的纤维。

- 织造面料用纤维(Textile Fibres)
  - 天然纤维(Natural Fibres)
    - 棉(Cotton)
    - 毛(Wool)
    - 丝(Silk)
    - 麻(亚麻)(Linen)
  - 化学纤维(Man-Made Fibres)
    - 再生纤维(Regenerated Fibres)
      - 纤维素纤维(Cellulose Fibre)
      - 蛋白质纤维(Protein Fibre)
      - 其他
    - 合成纤维(Synthetic Fibres)
      - 聚酯纤维(涤纶)(Polyester Fibre)
      - 聚酰胺纤维(锦纶)(Nylon Fibre)
      - 聚氨酯纤维(氨纶)(Polyurethane Fibre)
      - 聚丙烯腈纤维(腈纶)(Acrylic Fibre)
      - 其他

图3-1 织造面料用纤维分类图

2. 常用于织造面料的纤维特性

(1)天然纤维:天然纤维的主要性能特点见表3-1。

表3-1 天然纤维的特性表

特性/纤维	形态结构	化学性质	机械性质	其他性能
棉	纤维长度为15~31mm,纵向呈具有转曲的带状,截面呈腰圆形	耐碱不耐酸。棉织物常利用耐碱的特点进行丝光处理;利用不耐酸的特点进行透明印花	在浸湿状态下,强力会增加10%左右,但湿度过低时,强力较差。弹性较差	吸湿性较好,回潮率为8%。无静电现象,吸湿排汗性较好。棉针织面料穿着舒适,无起球现象,手感柔软

续表

特性 纤维	形态结构	化学性质	机械性质	其他性能
丝	大部分生丝的横截面呈椭圆形，呈长丝形状	不耐酸、碱和盐。蚕丝针织产品不宜用碱性大的肥皂洗涤	强度大。在天然纤维中，丝的强度是最大的，其湿态强度相当于干态强度的80%，所以在洗涤蚕丝产品时，不宜强力搓扭	吸湿性高，保温性好。吸收和散发水分甚为迅速，适合做夏季面料
羊毛	纤维长度为45～60mm，有天然卷曲，蓬松，表面有鳞片	耐酸不耐碱	缩绒性能是羊毛纤维特有的性能，它是指羊毛纤维的集合体在一定湿热条件下，经机械外力的反复挤压，逐渐收缩紧密，并互相穿插纠缠、毡化的现象	吸湿性好。羊毛纤维的吸湿性能是所有纺织纤维中最强的。在一般大气条件下，羊毛的回潮率可达16%
苎麻	纤维长度从几厘米到几十厘米不等，呈圆筒形或扁平带状，没有明显扭曲	不耐酸	强度高，伸长率低，纤维硬挺，刚性大	经过改性的苎麻纤维强度降低，伸长率提高，吸湿性得到改善

①棉：棉是世界上分布最广的一种天然纤维，属于种子纤维。目前，世界各国栽培的棉花，主要有细绒棉、长绒棉、粗绒棉和草棉四个品种。棉花品级按现行国家标准 GB 103—72 规定，根据成熟度、色泽特征、轧工质量将细绒棉分为七级，用于织造面料的棉纺原料一般为一到五级，称为纺用棉。

②丝：丝可分为家蚕（桑蚕）丝和野蚕（柞蚕、蓖麻蚕等）丝两大类。桑蚕丝是高级的纺织原料，性能良好，是目前纺织行业使用较多的一种丝。

③羊毛：羊毛的质量取决于羊的品种、气候和剪毛的时间，即使在同一只羊身上，不同的部位，质量也不同。

④麻:麻纤维是从各种麻类植物取得的纤维的统称,包括韧皮纤维和叶纤维。麻纤维品种繁多,其中苎麻和亚麻可用于夏季服装面料。

(2)化学纤维:其主要性能特点见表3－2。

表3－2　化学纤维特性表

纤维＼特性	化学性质	机械性质	吸湿及染色性	其　他
粘胶纤维	耐碱性强,但酸会对其造成损害,甚至使其溶解	强度较低,耐磨性较差,易折皱。湿润状态下,强度仅为干态下的40%～50%	高吸湿性(回潮率可达13%),染色性能很好,不会产生静电,无起球现象	耐光性较好,抗老化能力强,易于储存。但是霉菌会对它造成损害
聚酯纤维(涤纶)	耐酸不耐强碱	强度高,耐磨性好,具有良好的弹性,浸湿状态下强度不会改变	涤纶的吸湿性很差,几乎是所有纤维中回潮率最小的,只有0.4%～0.5%。不能采用一般方法染色	容易吸油,易产生静电和起毛起球。不会受霉菌、细菌、蛀虫的损害,耐光性(耐晒)较好
聚丙烯腈纤维(腈纶)	耐酸,但耐碱性稍差,当遇到稀碱或氨水时,纤维会变黄,如受浓碱作用,纤维遭到破坏	耐磨性一般,弹性较好,优于化学纤维和棉、麻,但比羊毛差	吸湿性较低,标准条件下的回潮率为1.2%～2.0%。染色性能较好,通常使用阳离子染料染色,并且染色后的颜色鲜艳	较好的耐日光性,在所有纤维中是最好的,其耐热性仅次于涤纶。另外,腈纶不会被霉菌、细菌及蛀虫损害。但腈纶的耐磨性差、吸湿性差,易产生静电,易起球
聚酰胺纤维(锦纶)	耐碱但不耐酸	耐磨性好,是纺织纤维中最好的。另外,强度高、回弹性好	吸湿率低,染色性能较好,可以用各类染料染色	不易霉烂,不怕虫蛀

续表

特性 纤维	化学性质	机械性质	吸湿及染色性	其　他
聚氨酯纤维（氨纶）	耐酸不耐碱	高弹性，拉伸后回复性好（基本可以回复原状），但强度一般	吸湿性较差（回潮率为 1%），染色性能好	无静电及起球现象，在 150℃ 时会变黄并失去弹性，但不受霉菌及蛀虫的损害

①粘胶纤维：粘胶纤维（Viscose Fibre）是再生纤维素纤维的主要品种，其主要成分是纤维素，是从纤维素原料（如树木、秸秆、棉短绒等）中提取并经过加工制造而成的。粘胶纤维的品种有粘胶长丝、粘胶短纤维和富强纤维等。

②聚酯纤维：我国商品名称为涤纶（PET），用 T 表示，涤纶是化学纤维中最常用的一种合成纤维。涤纶可以加工成短纤维和长丝两种形式，其中后者比较常用。涤纶长丝根据工艺的不同，又可以分为初生丝、拉伸丝和变形丝三种类别。常见的初生丝有未拉伸丝（UDY）、半预取向丝（MOY）、预取向丝（POY）和高取向丝（HOY）；常见的拉伸丝有拉伸丝（DY）、全拉伸丝（FDY）和全取丝（FOY）；常见的变形丝有常规变形丝（DY）、拉伸变形丝（DTY）和空气变形丝（ATY）。涤纶可以纯纺，也可以与其他纤维混纺。采用涤纶的面料，其最大的特点是抗皱性和保形性好，面料挺括不皱，尺寸稳定，易洗快干。

③聚丙烯腈纤维：我国商品名称名为腈纶（PVN），用 A 表示，美国称为“奥纶（Orlon）”，日本称为“开司米纶（Cashmilon）”。由于其性质近似羊毛，故有合成羊毛之称。腈纶纤维以短纤维为主，可以纯纺，也可以与羊毛或其他纤维混纺。

④聚酰胺纤维（Polyamide）：我国商品名称名为锦纶（PA），用 N 表示，又称为尼龙、耐纶，是美国杜邦公司（DuPont）最早开发出来的一种合成纤维，其品种很多，常用的品种有锦纶 6 和锦纶 66。广泛应用于生产袜子、外衣、运动服装等。

⑤聚氨酯纤维:我国商品名称为氨纶(OP),又称为莱卡(Lyera),属于弹性纤维,伸长率可达500%以上。通常氨纶用作针织面料的支撑性材料,即以氨纶裸丝衬入针织面料中,或以氨纶包覆性纱线参加编织,从而使面料具有弹性。

(3)新型纤维:除了以上这些常见的纤维外,近几年出现了很多种新型纤维材料,下面介绍几种常见的。

①Tencel纤维(天丝):学名为Lyocell纤维,它是集棉的舒适性、粘胶维纤的吸湿悬垂性、涤纶的强力以及真丝的手感于一体的绿色纤维。另外,面料的耐洗性好,免熨性好,缩水率低,吸湿性能好,具有良好的穿着性能。

②大豆蛋白纤维:此纤维是我国独立研制并实现产业化生产的新型再生蛋白质纤维,它兼有天然纤维和化学纤维的许多优点,纤维本身可生物降解,生产过程对环境无污染,属于环保型纤维。

大豆蛋白纤维弹力伸长高,富有光泽,耐酸耐碱性能好,吸湿、导湿性均优良。其织物手感柔软、光滑,具有良好的吸湿透气性,具有真丝般的光泽,抗皱性优于真丝,尺寸稳定性好。另外,大豆蛋白纤维外层基本上是蛋白质,与人体皮肤亲和性好,且含有多种人体所必需的氨基酸,具有良好的保健作用。

③Coolmax纤维:Coolmax纤维是一种聚酯纤维,截面呈十字形,表面具有4个凹槽,可导湿,舒适性好,称为会呼吸的纤维。

Coolmax纤维织物不仅透湿性能良好,而且它的透气性能也较好,因此穿着舒适。它不易褪色,抗起皱,且尺寸稳定性好,适用于多种用途,包括运动服、便服、旅行服、内衣和袜子等。

④竹纤维:竹纤维(Bamboo Fiber)的性能与粘胶纤维相类似,竹纤维织物具有良好的吸湿、透气性,较强的耐磨性和良好的染色性,同时又具有天然抗菌、抑菌、除螨、防臭和抗紫外线功能。

⑤Modal(莫代尔)纤维:Modal纤维也是一种全新的再生纤维素纤维,具有纯棉和涤纶的优良特性,纤维柔滑、光洁,强力和韧性类似于合成纤维,比棉和粘胶纤维高,所以织物的尺寸稳定性和抗皱性均优于纯棉织物;Modal纤维吸湿能力比棉纤维高出50%,面料穿着舒适;另外,面料的手感

柔软,悬垂性好。

⑥甲壳素纤维:甲壳素纤维(Chitin)是由蟹、龙虾及对虾等甲壳纲类动物的壳加工制得的天然绿色保健纤维。由于甲壳素的氨基与羟基具有很高的亲水性,所以甲壳素纤维具有优良的吸湿和保湿功能。采用甲壳素纤维与棉混纺的织物服用性能优良,柔软滑爽,对人体无刺激性,具有抗菌除臭的功能,在保健服饰应用开发方面有着广阔的发展前景。

3. 纤维的鉴别方法 无论是纺织生产中对原料的检验,还是纺织贸易中对客户来样的分析,都需要对纤维材料进行鉴别。有些面料或纱线是同一种纤维构成的,有些面料则是由混纺纱线纺织而成的,混纺纱线中纤维的鉴别就比较复杂。纤维鉴别就是利用不同纤维的外观形态或内在性质的差别,通过一定的物理或化学方法将它们区分开来。鉴别的方法很多,如手感目测法、燃烧法、显微镜鉴别法、药品着色法、化学溶解法等,有时一种方法难以鉴别出样品,则需要多种方法结合使用。

(1)手感目测法(Handle and Observation):手感目测法是纤维鉴别方法中最简单的一种。呈散纤维状态的纺织原料,可以根据纤维的外观形态、色泽、手感及手拉强度等,进行简单区分。此方法主要用于天然纤维和化学纤维的大类区分以及棉、毛、丝、麻的区分,而用此方法无法鉴别合成纤维的种类。

(2)燃烧法(Burn Testing):燃烧法简单实用,主要借助各种纤维燃烧的气味和灰烬,对纤维种类进行鉴别。但这种方法只能粗略的区分纤维的大类,对于同类纤维(化学成分相同,如棉、粘胶纤维),由于燃烧特征基本一样,不容易区别。常用纤维的燃烧特征见表3-3。

表3-3 常见纤维在燃烧时的特征

特征 纤维	燃烧情况	气味	残余物特征
棉	燃烧很快,产生黄色火焰及蓝烟;不收缩	有烧纸的气味	灰烬少,灰末细软呈浅灰色
蚕丝	燃烧慢,烧时缩成一团;收缩	有烧毛发的臭味	黑褐色小球,用手指一压就碎

续表

纤维＼特征	燃烧情况	气味	残余物特征
羊毛	一面徐徐冒烟起泡,一面燃烧;收缩	有烧毛发的臭味	灰烬多,为有光泽的黑色发脆块状物
麻	燃烧特征与棉相同		
粘胶纤维	燃烧特征与棉相同		
聚酯纤维	燃烧时纤维卷缩,一面熔化,一面燃烧,有黄色火焰	有芳香气味	浅褐色硬块,可用手捻碎
聚丙烯腈纤维	一面熔化,一面缓慢燃烧,火焰呈白色,明亮有力,略有黑烟	有鱼腥臭味	黑色圆球,脆而易碎
聚酰胺纤维	一面熔化,一面缓慢燃烧,烧时无烟,火焰很少,呈蓝色	有芹菜香味	浅褐色硬块,不易捻碎

(3)显微镜鉴别法(Microscopy):显微镜鉴别法是借助显微镜观察纤维纵向形态和截面形态的方法,对于微观形态有区别的天然纤维和化学纤维,此方法比较准确。但对于具有相同微观形态的纤维,如涤纶和锦纶则无法准确区分。天然纤维的形态特征见表3-1,常见化学纤维的形态见表3-4。

表3-4　常见化学纤维的形态特征

纤维＼形态特征	纵向	截面
粘胶纤维	纵向有沟槽	锯齿形
聚酯纤维	表面光滑,平直丰满	圆形
聚丙烯腈纤维	平滑或有1~2根沟槽	圆形或哑铃形
聚酰胺纤维	平滑	圆形

(4)药品着色法(Chemical Staining Method):利用某种化学药品对纤维的着色性能,可以迅速鉴别纤维的品种。此法适宜于鉴别未染色的散纤

维或纯纺纱线织物，具体见表3－5。

表3－5　几种常见纤维的着色反应

纤维＼着色溶剂	锡米着色剂A	碘、碘化钾	HZ1号着色剂
棉	蓝色	不染色	灰色
麻	紫蓝色	不染色	青莲色
蚕丝	褐色	淡黄色	深紫色
羊毛	鲜黄色	淡黄色	红莲色
粘胶纤维	紫红色	黑青绿色	蓝绿色
锦纶	淡黄色	黑褐色	酱红色
腈纶	微红色	褐色	桃红色
涤纶	微紫色	不染色	红玉色

（5）溶剂溶解鉴别法（Solvent）：利用各种纤维在不同的化学溶剂或溶液中的溶解性能来区别各种纤维的方法，这一方法的应用十分广泛。根据手感目测法和显微镜观察等初步鉴别后，再用溶解法加以证实，可以确定各种纤维的具体品种。也可应用于混纺纱中比例的测定，具体见表3－6。

另外，由于动物纤维之间的区分比较困难，如山羊绒和绵羊绒之间的鉴别就很困难，用以上方法都很难鉴别出来。对这类纤维的鉴别，可通过专业检验机构进行鉴别。

（二）纱线基础知识

1. 纱线的品种　纺织纤维经过加工形成纱线（Yarn），纱线是织物的基本材料，纱线按不同的分类依据可以分为很多种类，如按外形结构可以分为单纱与股线，按纤维原料组成又可以分为纯纺纱和混纺纱。

（1）按纱线的结构分：

①短纤纱：短纤纱（Staple Yarn）是由短纤维经过加工得到的纱线，这些短纤维可以是天然纤维，也可以是化学纤维。

表3－6　常见纤维在不同化学溶剂中的溶解情况

药品及实验状态 / 纤维	氢氧化钠（5%）煮沸 15min	盐酸（20%）室温 15min	盐酸（35%）室温 15min	硫酸（70%）25℃ 15min	甲酸（90%）室温 5min	冰醋酸 煮沸 20min	铜氨溶液 室温 30min	硫氰酸钾（65%）20～70℃ 10min	丙酮（80%）23～25℃ 30min	二甲基甲胺 40～45℃ 20min	氯苯 煮沸 5min	苯酚 90～100℃ 10min	四氢呋喃 23～25℃ 10min
棉	×	×	×	○	×	×	○	×	×	×	×	×	×
羊毛	○	×	×	×	×	×	×	×	×	×	×	×	×
麻	×	×	×	○	×	×	○	×	×	×	×	×	×
粘胶纤维	×	×	○	○	×	○	○	×	×	×	×	×	×
涤纶	×	×	×	×	×	×	×	×	×	○	×	—	×
锦纶	×	○	○	○	○	○	×	×	×	○	×	×	×
腈纶	×	×	×	×	×	×	×	○	×	○	×	×	×
氯纶	×	×	×	×	×	×	×	×	×	×	○	收缩	○
蚕丝	○	×	○	○	×	×	○	×	×	×	×	×	×

注　×代表不溶解；○代表溶解。

②长丝纱:长丝纱(Filament Yarn)是由长丝经过加工得到的纱线,如涤纶长丝纱线。

③新型纱线:主要是指花式纱线(Novelty Yarn or Fancy yarns),其纱线的结构、截面、颜色、外观形态不同于一般的纱线。各类花式纱线根据其原料组成、外观、手感及线密度大小等不同的特点,可以形成多种风格的产品,被广泛应用于服装、装饰织物和手工编结线等领域。常用的花式纱线有如下几种。

(a)膨体纱(Bulky Yarn):是利用纤维的热收缩性不同,将混纺纱线放在蒸汽、热空气或沸水中处理,此时收缩率高的纤维产生较大收缩,位于纱的中心,而混在一起的低收缩纤维,由于收缩小,被挤压在纱线的表面形成圈形,从而得到的变形纱,如常见的腈纶膨体纱。由膨体纱构成的织物柔软、蓬松,仿毛效果好。

(b)包芯纱(Composite Yarn or Core - spun Yarn):以一种纤维(如化学纤维长丝)作为纱芯,而在纱芯周围包覆或包缠另一种纤维(如天然纤维)纺制而成。不同性能的纤维材料纺成包芯纱,可以取得比单一纤维更加优越的性能。如采用以氨纶长丝为芯纱,棉纤维为包纱的氨纶包芯纱,用于制作丝弹力牛仔布、弹力灯芯绒等。

(c)金银丝(Metal Yarns):以金箔、银箔等金属制品或者涤纶薄膜制成。织物外观明亮,装饰性强。

(d)花色纱线:采用特殊工艺纺制,具有特殊外观形态的纱线。如疙瘩纱(Big - belly Yarn)、螺旋花线(Corkscrew thread)、竹节纱(Slub Yarn)、毛圈纱(Loop Yarn)、结子纱(Knot Yarn)、雪尼尔纱(Chenille Yarn)等。由花色线构成的织物外观丰富、立体感强,且手感柔软。如结子花线织物表面存在许多结子,使得织物表面风格粗犷。

(e)网络丝:化学纤维在纺丝尚未成形时,让部分丝抱合在一起而形成的。这种纱线手感柔软,仿毛效果好。

(2)按外形结构分:短纤纱按外形结构又可以分为单纱与股线。

①单纱:单纱(Single Yarn)将短纤维通过纺纱工程制成的产品称为单纱。长丝的线型集合体也称单纱,可由单丝组成或多根长丝并合加捻而成。

②股线:股线(Ply Yarn)由两根或两根以上的单纱并合加捻的产品称为股线。服装面料使用较广泛的是双股线,三股及以上的股线多用于缝纫

线及其他用途。

(3)按纤维原料组成分:

①纯纺纱(Pure Yarn):由同一种纤维组成,如纯棉纱线、亚麻纱、毛纱线、粘胶纤维纱线、腈纶纱线、涤纶纱线、锦纶纱线等。

②混纺纱(Blended Yarn):由两种或两种以上不同的纤维混合后纺成的纱。常见的有涤棉混纺纱、麻棉混纺纱、麻粘混纺纱、涤粘混纺纱、棉粘混纺纱等。麻灰纱也是一种混纺纱,它是用有色纤维和本色纤维混合纺制而成的,如将部分棉纤维染黑,再与部分本白棉纤维混纺,称为纯棉麻灰纱;采用部分黑色涤纶,再与本白棉纤维混纺,称为涤棉麻灰纱。麻灰纱织成的坯布一般不需染色。

(4)按纺纱系统分:根据纺纱系统(Spinning System)的不同可以分为粗梳纱(Carded Yarn)、精梳纱(Combed Yarn)和废纺纱(Waste Yarn)。

(5)按纺纱方法分:根据纺纱方法的不同可以分为环锭纱(Ring Spinning Yarn)、自由端纱(Open - end Spinning Yarn)(包括转杯纺纱、静电纺纱、涡流纺纱等)、非自由端纱(自捻纺纱、喷气纺纱等)与无捻纱(Twistless Spinning Yarn)等。

2. 纱线的基本术语

(1)公定回潮率(Official Moisture Regain):回潮率是所有纺织原料固有的特性,它表示纤维或纱线吸收水分能力的大小,是指纱线所含水分重量占其干燥重量的百分率。同一试样,回潮率不同,重量也不同。常用纱线的公定回潮率见表3-7。

表3-7 常用纱线的公定回潮率 单位:%

纱线种类	公定回潮率	纱线种类	公定回潮率
棉纱	8.5	粘胶短纤纱及长丝	13.0
亚麻纱	12.0	锦纶纱及长丝	4.5
苎麻纱	10.0	涤纶纱及长丝	0.4
精梳毛纱	16.0	腈纶纱	2.0
粗梳毛纱	15.0	维纶纱	5.0
绢纺蚕丝	11.0	涤棉混纺纱(65/35)	3.2

（2）纱线的细度指标：纱线细度（Fineness）是纱线最重要的指标，它决定着纱线的粗细规格。由于纱线的表面有毛羽，截面形状不规则且易变形，所以纱线细度指标一般不采用直径或截面积，而是采用与截面积成比例的间接指标，其中有线密度、公制支数、英制支数与纤度。

①线密度：是指在公定回潮率时，1000m 纱线的重量（g），对于棉纱线可俗称为号数。我国纺织行业广泛使用这一指标，并且它也是国际法定计量单位。线密度属定长制指标，用 Tt 表示。如 18.2tex 棉纱，表示 1000m 长棉纱的重量为 18.2g，相当于 32 英支的棉纱。

股线的特数以组成股线的单纱特数乘以股数表示，如 14tex ×2 表示单纱为 14tex 组成的双股纱线。当股纱中单纱的特数不同时，股纱的特数以单纱的特数相加表示，如 14tex + 18tex。

②公制支数（Metric Count）：是指在公定回潮率时，1g 重量的纱线所具有的长度（m）。公制支数属定重制，即纱线越细，公制支数越高。公制支数通常用于表述短纤维（棉类型）纱的粗细程度，简称公支，用 N_m 表示。

③英制支数（English Count）：是指在公定回潮率 9.89% 时，1 磅（453.6g）重的纱线所具有长度的 840 码（1 码 =0.9144m）的倍数。英制支数也属定重制，纱线越细，英制支数越高。

股纱的支数以组成股纱的单纱支数除以股数表示，如 40 英支/2 表示由两根 40 英支单纱合股而成的股线。如果组成股纱的单纱的英制支数不同，股纱的英制支数以单纱的英制支数相除表示，如 24/48。

④纤度：表示长丝纱线或纤维粗细的指标，用 D 表示。纤度是定长制指标，表示 9000m 长的纱线或纤维所具有重量的克数，单位为旦尼尔，简称为旦。如 100 旦涤纶长丝，是指 9000m 涤纶长丝的重量是 100g。定长制指标表示的数值越大，其重量就越重，纱线就越粗；反之，数值越小，纱线就越细。

长丝的旦数也由两组数字表示，前面的数字表示旦数（粗细），后一组数字表示组成长丝的单丝根数。如 150 旦/48F，表示长丝的粗细是 150 旦，由 48 根单丝组成。

(3)纱线细度指标间的换算关系:表示纱线粗细的指标,无论是定重制还是定长制,均用重量和长度的关系来表述,因此这几项指标存在着换算关系。在计算纱线粗细时,还要考虑回潮率的因素。下面列出它们之间的换算关系。

①线密度 Tt 与公制支数 N_m 及旦数 D 之间的关系:

$$\mathrm{Tt} \times N_m = 1000$$

$$D = 9 \times \mathrm{Tt}$$

例:150 旦的长丝,公制支数 N_m 为 60 公支,线密度 Tt 为 16.67tex。

②英制支数 N_e 与公制支数 N_m 及线密度 Tt 之间的关系:

$$N_e = \frac{C}{\mathrm{Tt}}$$

$$N_e = 0.5905 \times N_m \times \frac{1 + \text{公制公定回潮率}}{1 + \text{英制公定回潮率}}$$

由于纱线的英制公定回潮率与公制公定回潮率不同,所以涉及英制支数换算时都要考虑到英制公定回潮率。公式中的 C 为换算常数,不同类型的纱线换算常数也不同。如棉型纱线的换算常数为 583;而纯化纤纱没有公定回潮率的差异,所以不考虑回潮率的因素,其换算常数为 590.5。常用纱线在公定回潮率下的换算常数见表 3-8。

表 3-8 常用纱线的换算常数

纱线种类	混纺比	英制公定回潮率	特数制公定回潮率	换算系数
棉	100	9.89	8.50	583
纯化纤	100	化纤公定回潮率	化纤公定回潮率	590.5
涤/棉	65/35	3.70	3.20	588
维/棉	50/50	7.45	6.80	587
腈/棉	50/50	5.95	5.25	587
丙/棉	50/50	4.95	4.30	587

(4)纱线品种的表示方法:纱线品种通常标识在外包装物上,有短纤纱与长丝两种表示形式。

①短纤纱的表示方法:

原料＋生产过程＋纱线细度＋成纱形态＋用途

原料:通常用代号来表示。C 表示棉、T 表示涤纶、A 表示腈纶、R 表示粘胶纤维、P 表示锦纶、V 表示维纶、F 表示富强纤维，但纯棉纱通常不加代号。

生产过程:分普梳和精梳。J 表示精梳，普梳通常不加代号。

纱线细度:国内贸易一般采用线密度(tex)表示，出口纱或进口纱一般用英支表示。

成纱形态:R 表示绞纱，D 表示筒子纱，G 表示烧毛纱。

用途:T 表示机织用经纱，W 表示机织用纬纱，K 表示针织用纱。

例:18.2K 表示为纯棉普梳、细度为 18.2tex 的针织用纱；T65/C35JDK 表示 65% 涤纶与 35% 棉混纺精梳筒子针织用纱；18.2tex ×2JDT(或 32 英支/2JDT)表示为 18.2tex 双股精梳筒子机织用经纱。

②长丝的表示方法:

原料＋纤度/合成根数＋性能

长丝的原料通常直接用名称表示，不用代号。如涤纶 150 旦/36F 低弹丝，其含义是涤纶长丝，纤度为 150 旦，由 36 根组成的低弹弹力丝。氨纶、粘胶纤维等长丝均用此方法表示。

二、面料基础知识

(一)面料的分类

根据面料的制织方法不同，可以分为机织面料(Woven Fabric)、针织面料(Knitted Fabric)和非织造布(Non – Woven Fabric)三类。本书主要介绍机织面料与针织面料。

1. 机织面料 通常把经纱(Warp)和纬纱(Weft or Filling)按一定的方式交织而成的面料称为机织面料或梭织面料。其中，经纱是指经向的纱线，纬纱是指纬向的纱线，这里所说的一定方式是指织物组织(Textile Weave)。

机织面料一般可按原料、加工方法或面料组织进行分类。按原料成分来分，可以分为棉织物、毛织物、丝织物、麻织物、化纤织物以及它们的混纺和交织织物等。棉织物或棉型化纤织物根据其印染后加工方法来分，可分为本色坯布(Gray Fabric)、漂白布(Blanc Fabric)、色织布(Dyed Fabric)、印花布(Printed Fabric)。凡未经漂染印整加工的机织面料,称为本色坯布。本色坯布经过漂白、染色和印花加工后,分别称为漂布、色布和印花布。如果将纱线先经漂白、丝光或染色后再织成布,称为色织布。生产色织布的工厂一般称为染织厂,牛仔布及大部分的衬衫面料都是色织布(Coloured Woven Fabric)。

毛织物根据加工方法可以分为精梳毛织物和粗梳毛织物两大类。

2. 针织面料 利用织针把纱线弯曲成线圈,并将线圈相互串套而成的面料称为针织面料。

针织面料可按原料、加工方法或面料组织进行分类。按原料成分来分,可分为棉针织物、毛针织物、丝针织物、化纤针织物以及混纺针织物等。按加工方法来分类,可分为针织坯布和针织成形产品。针织坯布与机织坯布一样,主要用于缝制服装,如内衣(Underwear);针织成形产品,是指不需要缝制而直接成形的产品,如袜子(Stocking)、手套(Glove)及羊绒衫(Sweater)。

针织物还可以按生产类型分为经编针织物(Warp Knitting)和纬编针织物(Weft Knitting)两大类。经编针织物是用经编针织机编织成的,在经编生产中,需要将一组或几组平行排列的纱线沿经向各自垫入针织机的编织机构中,形成经编针织物;纬编针织物是用纬编针织机编织成的,在纬编生产中,只需要将筒装纱线直接放在纱架上,并且每根纱线沿纬向垫入针织机的编织机构中,形成纬编针织物。

(二)面料的基本结构

1. 机织面料 机织面料的基本结构主要包括织物组织、密度等。另外,用于描述面料规格的术语如幅宽等也受到面料基本结构的影响。

(1)机织面料的组织:常用的机织面料组织有平纹(Plain)、斜纹(Twill)和缎纹(Satin)三类,如图3-2所示,这三类组织又被称为三原组织。由这三类组织可以变化出很多复杂组织,如在平纹组织的基础上,可以变化出方平组织和重平组织。

①平纹组织:此组织是机织面料中最简单的织物组织。在这种织物

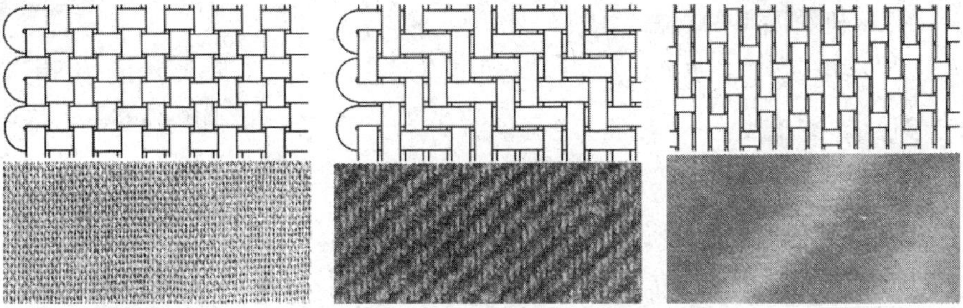

(a) 平纹组织　(b) 斜纹组织　(c) 缎纹组织

图3-2　机织面料的三原组织

组织中,经纱和纬纱每隔一根纱线即交错一次,是所有织物组织中交错次数最多的组织,如图3-2(a)所示。因此,经纱和纬纱的抱合最为紧密,织物的断裂强度较大,织物比较结实。另外,平纹织物的正反面特征基本一样。

②斜纹组织:此组织是指经纱或纬纱浮点(交错点处浮在上面的纱线部分)在织物表面形成斜向纹路的组织结构,如图3-2(b)所示。根据斜向纹路的方向可以分为左向斜纹和右向斜纹。当斜向纹路由较长的经纱浮点组成时,称为经面斜纹;斜向纹路由较长的纬纱浮点组成时,称为纬面斜纹。在斜纹组织中,经纬纱的交错次数比平纹组织少,织物单位宽度内的纱线根数增多,故织物更加紧密、厚实,并具有较好的光泽。

③缎纹组织:此组织是三种织物组织中最复杂的一种,其经纱或纬纱在织物中形成单独而互不连续的组织点,如图3-2(c)所示。这种织物组织的特点是经浮线或纬浮线比平纹和斜纹更长、更多,组织点间距较长,交织点较少。织物表面平滑,富有光泽,手感滑润,质地柔软。由于织物交织点较少,故耐磨性较差。

④其他组织:除了以上介绍的织物三种基本组织以及其变化组织外,常见的还有起毛组织和提花组织等。起毛组织是指在一组基本经纬纱线的基础上,还有一种供起毛用的经纱或纬纱的织物组织。织物中最复杂的是大提花组织,这种组织的一个基础循环可以用到几百根,甚至几千根纱线,能够织出丰富的图案。

(2)机织面料的规格术语：

①密度：密度分为经密(Ends Per Inch)和纬密(Picks Per Inch)。织物纬向单位长度内的经纱根数称为经密，经向单位长度内的纬纱根数叫纬密。公制以织物10cm内的纱线根数表示；英制以织物1英寸内的纱线根数表示。

②幅宽(Breadth)：指机织面料的布幅宽度，即面料纬纱方向的宽度(包括布边)，幅宽有时简称门幅，单位为厘米(cm)。坯布幅宽和成品幅宽是不相同的。坯布经过后加工，幅宽会收缩，成品幅宽对坯布幅宽的收缩率称为幅缩率。

影响面料幅缩率的因素很多，如后加工、纤维类型、织物组织及密度等。棉织物的后加工有漂白、染色、丝光、印花和树脂整理等，后加工工序的不同会使幅缩率有所不同，如一般的印花和漂白布的幅缩率为3%～6%，高经密织物或深色布的幅缩率约为2%。经过同样工序的不同类型纤维的织物幅缩率也不同，如全棉织物经过染色后的幅缩率一般为5%～10%，涤棉织物的幅缩率一般为3%～8%，全涤织物的幅缩率一般为2%～6%。不同织物组织的面料在其他条件相同情况下的幅缩率也不相同，如斜纹组织的幅缩率一般小于平纹组织。经密过大、纬线不加捻的织物幅缩率会小一些，相反经密中等、纬线加捻的织物幅缩率会大一些。成品幅宽与坯布幅宽的关系如下。

$$\text{成品幅宽} = \text{坯布幅宽} \times (1 - \text{幅缩率})$$

③匹长(Piece Length)：指一匹布的长度，以米(m)为单位，织造时设定的每匹布的标准长度称为公称长度。通常每匹布的公称长度为27～40m。当然，匹长在坯布经过后加工后，也会出现一定的缩率，除了缩绒类的毛织物缩率比较大外，其他类型的织物缩率一般为2%～5%。

④总经根数(Ends in Warp)：指整幅织物内经纱的总根数。在采购纱线和进行织物设计时，都需要确定织物的总经根数。总经根数可以根据织物的经向密度及织物的幅宽计算出。

$$\text{总经根数} = \frac{\text{经向密度}}{10} \times \text{幅宽} + 2 \times \text{单边边纱的根数}$$

⑤机织面料的表示方法：通常按经纱和纬纱细度、经向和纬向密度、幅宽、名称的顺序来表示。具体格式如下：

经纱线密度×纬纱线密度×经向密度×纬向密度×幅宽　名称

如8tex×2×10tex×470根/10cm×390根/10cm×140cm细平布，表示经纱为8tex的双股线，纬纱为10tex单纱，经密为470根/10cm，纬密为390根/10cm，幅宽为140cm的细平布。当然，对于英制单位的表示与公制的一样，不过单位不同。

(3)常见织物：国内外比较流行的面料种类很多，不同的原料、不同的织物组织都会形成不同的织物类别，一些常规组织的织物经过特殊后整理后，会成为另一类织物。同时，随着科技的发展，不断出现新型纤维和加工工艺，所以新型面料也不断出现。部分常见织物的规格见表3-9。

2. 针织面料　根据线圈结构的特征，针织面料可分为纬编针织物和经编针织物，如图3-3所示。其中常用的服装类针织面料为纬编针织物，常用的组织结构有纬平针组织(Jersey Stitch)、罗纹组织(Rib Stitch)、双罗纹组织(Interlock)、毛圈组织(Terry Weave)以及派生出来的很多小花型组织物。经编针织物常用的基本组织[图3-3(c)]有编链组织、经平组织、经缎组织、重经组织及双面经编组织等。由于经编针织物在服装面料中使用较少，因此本书不再讨论经编针织物的组织，读者如需要，可以参考相关书籍。

(1)针织面料的组织：

①纬平针组织：纬平针组织，简称平针组织，是由连续的同一种单元线圈向同一方向依次串套而成，是单面针织物中的最基本的组织，也可称为"汗布"组织，如图3-3(a)所示。纬平针组织两面具有不同的形态，正面是由线圈的纵行组成，一般比较光滑平整，反面较为阴暗。纬平针组织在横向和纵向拉伸时，有较好的延伸性，横向比纵向大。吸湿性和透气性很好。纬平针组织的缺点是容易脱散和卷边。

②罗纹组织：罗纹组织是由正面线圈纵行和反面线圈纵行以一定的规律相间配合而成，如图3-3(b)所示。罗纹组织的种类很多，根据正反面线圈配合规律，可以分为1+1罗纹、2+2罗纹等，其中数字代表线圈的纵行数。罗纹组织在横向和纵向拉伸时，也都有较好的延伸性，且横向比纵向大。罗纹组织不易脱散。正反面纵行数相同的罗纹组织，如1+1罗纹，不会出现卷边现象。

表 3－9　部分常见织物的规格

织物品种		组织	成分	所用纱线线密度
卡其(Khaki Drill)		斜纹组织	棉或涤棉	13.88tex×2×27.76tex
华达呢(Gabardine)		斜纹组织	棉	13.88tex×2×27.76tex
		斜纹组织	精纺毛	11.21tex×2×11.21tex×2
麻纱(Hair Cords)	普通麻纱	平纹变化组织(纬重平)	棉	12.96～18.22tex
	花式麻纱	变化组织	棉或涤棉等	纱支不定
灯芯绒(Corduroy)		起毛组织	棉或化纤	13.88tex×2×27.76tex、36.44tex×29.15tex、27.76tex×2×27.76tex 等
哔叽(Serge)		斜纹组织	棉或棉混纺	27.76tex×27.76tex
		斜纹组织	精纺毛	双股，9.72～19.43tex
府绸(Poplin)	种类很多，有普通府绸、全精梳府绸、半线府绸等。	平纹组织	棉或涤棉	5.83tex×2×5.83tex×2、13.88tex×2×17.15tex、14.58tex×14.58tex 和 19.43tex×19.43tex
横贡缎(Sateen Satin)		缎纹组织	棉	14.58tex×14.58tex
直贡缎(Twilled Satin)		缎纹组织	丝	—
织锦缎(Brocade Satin)		缎纹组织	丝	—
平布(Plain Cloth)	粗平布	平纹组织	棉	粗特纱
	中平布	平纹组织	棉、涤纶等	中特纱
	细平布	平纹组织	棉、涤纶等	细特纱

续表

织物品种		组织	成分	所用纱线线密度
平绒(velveteen)	割经平绒	起毛组织	棉	13. 88tex ×(13. 88tex ×2 +13. 88tex ×2)
	割纬平绒	起毛组织	棉	(13. 88tex ×2 +13. 88tex ×2) ×13. 88tex
条格布(Plaid)		平纹组织为主,也有斜纹、小提花和纱罗组织	棉或涤棉	27. 76tex ×27. 76tex 等
花呢(Fancy Suiting)	种类很多,有单面花呢、海力蒙、板司呢、火姆司本等	平纹、斜纹或变化组织等	精纺毛或粗纺毛	11. 21tex ×2 ×11. 21tex ×2、15. 34tex ×2 ×15. 34tex ×2、58. 3tex ×58. 3tex 等
凡立丁(Tropical Suitings)		平纹组织	精纺毛、麻或毛混纺	11. 21tex ×2 ×11. 21tex ×2 等
派力司(Palace)		平纹组织	精纺毛或毛混纺	10. 05tex ×2 ×14. 58tex
直贡呢(Twilled Satin)		缎纹组织	精纺毛或棉	9. 71tex ×2 ×9. 71tex ×2
麦尔登(Melton)		平纹或斜纹组织	粗纺毛或毛混纺	48. 58tex ×48 ×58tex 等
法兰绒(Flannel)		平纹或斜纹组织	粗纺毛	58. 3tex ×58. 3tex 等
乔其纱(Gorgette)		平纹组织	丝、人造丝、涤纶长丝等	—
双绉(Crepe de Chine)		平纹组织	丝、人造丝、涤纶长丝等	—
仿麂皮(Suede)		缎纹组织等	化纤超细纤维	线密度不定
桃皮绒(Peachskin)		—	化纤超细纤维	线密度不定
青年布(Chambray)		平纹组织	棉或涤棉	中粗特纱
牛津布(Oxford)		平纹变化组织(纬重平)	棉或涤棉	细特纱

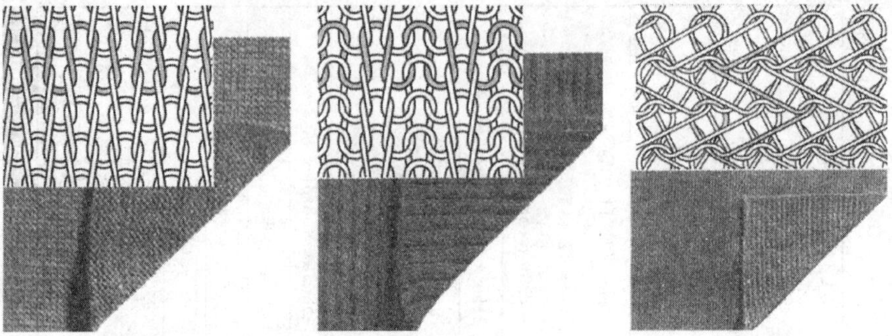

(a) 平针组织　　(b) 罗纹组织　　(c) 经编组织

图 3 -3　针织织物组织

③双罗纹组织:双罗纹组织俗称棉毛组织,是由两个罗纹组织彼此复合而成。双罗纹组织的两面特征一致,都是正面线圈。双罗纹组织的弹性和延伸性小于罗纹组织,不易脱散,布面平整,不卷边。根据双罗纹形成的特点,可以使用不同色纱、不同方法上机得到多种花色效应及多种纵向凹凸条纹。如按一定组合抽取织针留出空针槽的方法,可以织出纵向凹凸条纹的效果,即抽条双面布。

④毛圈组织:毛圈组织由平针线圈和带有拉长沉降弧的毛圈线圈组成。一般由两根纱线组成,一根纱线编织地组织;另一根纱线编织带有毛圈的线圈。毛圈组织有单面毛圈和双面毛圈之分,同时还可以分为普通毛圈和花色毛圈两类。毛圈组织具有良好的吸湿性和保暖性,织物柔软、厚实。

(2)针织面料的规格术语:

①密度:针织面料的密度是以织物单位长度内的线圈数量来表示,分为横向密度和纵向密度两个指标。横向密度简称“横密”,是指沿着线圈横列方向上 50mm 内线圈的纵行数;纵向密度简称“纵密”,是指沿着线圈纵行方向上 50mm 内线圈的横列数。英制的横密(Wales Per Inch)和纵密(Courses Per Inch)分别是指 1 英寸内的纵行数或横列数。

针织面料的密度与线圈长度有关,通常线圈长度越长,针织物密度就越小。针织面料的横密与所使用针织机的机号有关,所以,很多时候,在给出了机号(如 18 针)后,就不需要再说明横密了。

②机号:机号和后面的总针数实际上是针织机术语,但它们与纱的线密度有很大关系,而且常用于针织面料的表示中。机号是织针在针床或针筒上排列的疏密程度,以单位长度(1 英寸)内的织针数量表示,用 G 表示。如 18G 表示 1 英寸内有 18 枚织针,即通常所说的 18 针。机号越高,针数越多,编织出的织物越细密。一般来说,不同的机号适用于不同线密度的纱线。

③总针数:是指针床或针筒能够插装织针的总数量,它决定了可编织织物的最大幅宽。

④克重:是指针织面料单位面积($1m^2$)的重量,通常用平方米克重(g/m^2)表示。克重用于表示织物的厚薄。克重有干燥克重和自然克重之分,国标上要求是干燥克重,但在工厂里基本上都是采用自然克重。干燥克重是指面料放在 105～110℃烘箱中烘至恒重后再称其重量,而自然克重则是直接剪取面料称其重量。平方米克重一般实际测量得到,如需要理论计算,则可以按下式进行。

平方米克重 = 0.0004 × 横密 × 纵密 × 线圈长度(mm) × 纱线线密度(tex)

其中,线圈长度表示一个完整线圈的长度。在工厂生产实践中,针织面料用途不同,克重也不相同。如通常女士西装要求的克重为 180～230g/m^2,男士上装要求为 235～240g/m^2,运动服则为 200～260g/m^2。

另外,对于丝织产品来说,贸易上有时也采用姆米(m/m)来表示织物的厚薄,1m/m = 4.3056g/m^2。牛仔面料的克重一般用"盎司(OZ)"来表达,即每平方码面料重量的盎司数,1 盎司 = 28.375g,如 7 盎司、12 盎司牛仔布等。

⑤幅宽:也称门幅、布封、封度,是指针织物布面的宽度,分为开幅幅宽与圆筒幅宽两种,通常用厘米(cm)或英寸表示。针织面料的开幅幅宽是指单层织物布面横向宽度,具有毛幅宽和净幅宽之分。毛幅宽为面料所有的宽度,净幅宽为面料可以使用的有效宽度。圆筒幅宽指筒状针织面料平摊后双层织物横向的宽度。

⑥针织面料的表示方法:针织面料的规格一般用如下方法表示。

平方米干燥重量 × 幅宽

其中,平方米干燥克重用 g/m^2 表示,幅宽指单层幅宽,用厘米(cm)表示。针织面料的表示方法中，除了面料规格外，一般还要包括机号、总针数、纱线规格成分、成品规格等。如 15G × 34 英寸(86.36cm) × 1860T 20 英支(29.15tex)棉 × 240g/m^2 × 65 英寸(165.1cm)表示机号为 15G、总针数为 1860T、原料为 20 英支(29.15tex)纯棉纱、克重为 240g/m^2、幅宽为 65 英寸(165.1cm)的针织面料。

三、样品开发基础知识

样品(Sample)是订单生成期不可或缺的组成部分。首先，它是客户和供应商签订合同的实物依据，只有供应商的样品得到了客户的确认，才有可能得到订单。其次，它是大货生产的参照，订单的执行是根据确认的样品来生产的，确认样品的难度、工艺要求直接关系到大货生产的难度和进度。另外，样品也是订单完成后产品检验和索赔的标尺。

1. 样品开发 规模较大的面料生产商都会捕捉每一季的面料流行趋势，然后进行设计和开发。而样品开发就是面料生产企业进行新产品开发工作的一部分。样品开发完毕后，一般会由跟单员主动提供给客户，以争取到订单。此类型的样品开发可以称之为主动开发，而跟单员则扮演了推销新产品的角色。

另外一种样品开发，可以称为被动开发，即生产商根据客户提供的开发资料进行开发，也即通常所说的打样。客供开发资料可以有语言描述和客供样品两种方式。语言描述即客户对他所需要面料的描述，如春夏女衬衣的面料，要求面料柔软、悬垂性好等，客供样品则是指客户提供的面料样品。

不同方式的样品开发，其流程及跟单员需要做的工作也不一样。本书在第二节中阐述的主要是第二种方式的样品开发，即根据客户的客供开发资料进行样品开发。

2. 样品的种类 样品开发是一项系统复杂的工作，从开始样品开发工作到样品最终被客户确认，甚至在大货生产的开始阶段，都会产生某一阶段的样品。这些样品都有专门的名称，是否需要制作某一阶段的样品要根据面料种类和客户要求而定。样品开发过程中所遇到的样品种类主要有坯布样、品质样、颜色样、印花或绣花样、纱样、头缸样、缸差样及船样等。

头缸样、缸差样是要等正式大货生产后才能进行安排。而颜色样、纱样、坯布样、品质样、印花或绣花样，需要双方确认后才能签订合同，以确保面料规格、颜色、质量等与客户订单要求相一致，避免以后因颜色、纱线、花型等问题而产生争议。

(1)坯布样(Grey Fabric)：坯布样是指织造厂按照客户来样或者客户要求而织造出来的坯布样品。坯布样一般存在于国内贸易中，如印染厂向织造厂下的订单。国外客户和贸易公司一般不需要坯布样，而直接需要成品染色样。

(2)品质样(Quality Sample)：品质样是指用客户要求的坯布，经过前处理后染成客户要求或相近的颜色，再经后整理，能够代表大货品质的样品。客户需要的品质样，一般面积较大，有些企业又称为匹样。

得到客户确认的品质样将是大货生产和最终产品确认的依据，因此非常重要。品质样的确认一般包括手感、风格、门幅、厚度、弹性和强度等方面，颜色的确认需要另外打颜色样，所以并不重要。另外，有些产品对手感风格要求很严格，如毛绒类面料，对于这类产品，有些客户会专门提供手感样。

(3)颜色样(Lab Dip)：颜色样俗称为“色样”或“手掌样”(香港和广东的一些企业也称为“色办”，“办”即样品)，是面料生产企业按照客户提供的色样标准(织片或 PANTONE 色号)和纱线要求织造并染色出来的，用于确定面料颜色的样板，简称色板。一般每个颜色有 3 ~ 5 个色阶。

(4)印花或绣花样(Printed or Embroidery Sample)：印花或绣花样是指在色样面料上印制或绣出图案的样品。印花或绣花样一般包括图纸和实物，图纸上会绘制出彩色的印花或绣花图案，实物则是成品面料样品。在印花或绣花样的制作过程中，需严格按客户要求，正确使用准确的底料颜色、印花料或绣花线、颜色的搭配、花型、质地等，特别是要用对绣花色线。

(5)纱样(Yarn Sample)：纱样是为了确认面料的组成成分、手感和特性等而制作的纱线样板。通常在面料报价时，就将纱样寄给客户挑选和确认，尤其是针织制衣企业，必须向毛纱供应商索取纱线样板，并仔细审查纱线的手感、色牢度、染色均匀度、缸差等方面的情况，确保针织成衣的质量。

(6)头缸样(First Bath Sample/First Pilot Sample)：第一次染色出缸的面料俗称头缸料，以后染出来的面料称为续缸料。头缸样是将大货生产中的第一件成品作为生产前样板提交给客户批复确认。

(7)缸差样(Lot Sample/Batch Sample)：缸差是批次不同的面料因不同的染色缸次，所引起的面料颜色差异，即使是同一缸次的面料印染时，染出来的面料也可能会有缸差(缸头、缸尾的色差)。缸差会严重影响面料的品质，所以必须有严格的缸差样板。缸差样就是用于判断面料色差是否在可接受范围内的样板，作为控制大货面料的颜色标准。

有的面料不是缸染的，如连续染色或长车染色。大货面料基本上一次生产完，所以不存在头缸和续缸，当然生产出来的面料颜色前后也会存在差异，生产企业也要分出批差或缸差(如 LOT A，LOT B)。取 LOT 色比较多的面料作为船样和批差样同时给客户确认。

(8)船样(Production Sample/Shipping Sample)：船样是代表出口货物品质水平的样品，也称“船头版”或“大货版”。船样也可以是头缸样、缸差样或批差样。船样需要在大货面料出货前让客户确认，客户确认后即可安排出货，如果客户对颜色或手感不确认，可以根据客户的确认意见作出调整后再给客户确认。在计算出口数量时，一般要将船样的数量一并计算在内。

3. 样品管理 几乎每一家面料生产企业都设立专门的样品展示室，而很多面料贸易商也配备了样品展示室。样品展示室主要是管理企业已经开发过的产品的留样，如果客户需要某种面料，可以直接到样品室查询，如果查到，则可以直接裁剪，并寄给客户，这样可以免去打样的时间和成本。

四、报价基础知识

跟单员在客户确认样品后，就应该考虑报价了。报价又称为报盘，跟单员报价时要认真细致，因为报价的好坏直接关系到订单的利润，或者说企业的利润。如果报价低了,会使企业拿不到足够的利润,甚至做了亏本的生意。当然,如果报价高了,客户会不接受的。

一般报盘和还盘的工作由跟单部经理审核,当然有时会由老板直接审核。一般企业都有自己的报价公式。对于国内贸易,报价时一般应考虑到面料成本(包含利润)、运费、测试费等。对于国际贸易,往往比较复杂,除了应考虑面料成本(包含利润)、运费、测试费外,还应考虑到保险费、汇率、退税率等。另外,国际贸易的报价存在几种方式,不同方式下的价格构成要素是不同的,它们包含着不同的费用。有时跟单员按某种方式进行报价后,客户又要求用另一种方式重新报价,不同的报价方式之间有一定的换算关系。下面是常用的几个关于国际贸易报价的术语及其换算关系。

1. CIF(Cost、Insurance and Freight)(成本、保险费加运费) 卖方必须支付将货物运至指定目的港所需的运输费用,卖方还必须办理买方货物在运输途中丢失或损坏风险的海运保险。CIF 价格换算成其他价格公式如下:

$$\text{FOB 价} = \text{CIF 价} - \text{保费} - \text{运费}$$

$$\text{CFR 价} = \text{CIF 价} - \text{保费}$$

2. CFR(Cost and Freight)(成本加到指定目的港运费) 卖方必须支付将货物运至指定目的港所需的运输费用,但交货后货物丢失或损坏的风险以及由于各种事件造成的任何额外费用,即由卖方转移到买方。CFR 价格换算成其他价格的公式如下:

$$\text{FOB 价} = \text{CFR 价} - \text{运费}$$

$$\text{CIF 价} = \frac{\text{CFR 价}}{1 - \text{投保加成} \times \text{保险费率}}$$

3. FOB(Free on Board)(指定装运港船上交货) 是当货物在指定的装运港越过船舷,卖方即完成交货。这意味着买方必须从该点起承担货物丢失或损坏的一切风险。FOB 价格换算成其他价格的公式如下:

$$\text{CFR 价} = \text{FOB 价} + \text{运费}$$

$$\text{CIF 价} = \frac{\text{FOB 价} + \text{运费}}{1 - \text{投保加成} \times \text{保险费率}}$$

4. EXW(Exchange at Workplace)(工厂交货) 是指当卖方在其所在地或其他指定地点将货物交给买方处置时,即完成交货,卖方不办理出口清关手续或将货物装上任何运输工具。EXW 是卖方承担责任最小的术语。买方必须承担在卖方所在地受领货物的全部费用和风险。

第二节 跟单工作的基本内容

订单生成期的主要工作包括样品开发、询价报价、订单评审及签订合同等,业务流程见图 1-2。其中,样品开发工作比较繁杂,样品的种类也比较多,但其基本流程都是一样的。由于客户订单一般要求成品面料,所以打色样的工作作为样品开发工作的一环,显得非常重要。

一、样品开发跟单的一般流程

样品开发是一项重要工作,样品是否符合客户的要求直接反映了本企业的技术水平,样品开发的好,会增加客户对本企业的开发技术的信任,增加订单签订的可能性。样品开发过程同时又是跟单员与客户联系和沟通的过程,样品开发的顺利与否在很大程度上能够体现跟单员的沟通能力和服务水平。客户希望与之合作的跟单员能够积极主动地解决问题,同时又有良好的理解能力和沟通能力,只有这样,才会放心地把订单交给跟单员去做。另一方面,本企业通过样品开发,可以更加准确地为客户报价,以保证本企业的合理利润。

第一节中曾经介绍过,在订单生成期,有两种方式的样品开发。本节只介绍根据客供资料进行开发,这也是跟单员经常遇到的样品开发方式。实际样品不同,开发过程也会有所不同,直接体现在样品开发过程中,跟单员向客户提供的样板的多少。如针对印花面料,跟单员需要提供印花样板;针对一些需要洗水的面料,跟单员需要提供洗水测试样板等。下面以坯布为例介绍样品开发的一般过程。

(一)客供开发资料的分析

客供开发资料主要是指客户提供的面料原样或者对所需要的面料的描述。很多情况下,客户对自己需要的面料无法提供原样,只是提供一些面料的描述,如手感柔软,所用纱线线密度大约多少,面料克重大约多少,面料为何种组织等。这些面料的描述可能是客户结合服装的要求及流行面料的特点得到的。

1. 提取样品信息 如果客户提供了面料原样,并附带了面料的具体参数,如织物组织、面料克重、纱线线密度等,跟单员就可以直接去查找面料或者订做样品了。但如果客户只是提供了对面料的描述,或者只是提供了面料样品而没有相关参数,在这些情况下,就需要跟单员尽可能提取样品的信息,以避免大量的打样工作。跟单员进行面料信息的提取时,需要与客户多次沟通,详细了解他们对面料的要求。同时,对于技术要求很高的面料,跟单员要根据自己掌握的信息与客户沟通,如降低技术难度,或者提出一种代替面料。

如果客户资料中只有样品,没有具体的参数,跟单员则需要将样品交给样品间的技术人员,由他们进行样品分析。通常对样品进行以下四个方面的分析。

(1)样品的原料及混纺比:分析样品原料的成分首先需要将纱线从样品织物的边缘,小心拆解出来,然后进行具体分析。分析方法包括手感目测法、燃烧法、显微镜鉴别法、药品着色法、化学溶解法等,具体分析参考本章基础知识中的纤维鉴别方法。对于本公司难以鉴别的复杂纱线可以求助于专门的检验机构进行进一步的分析。

(2)样品原料的规格:这里的原料规格,主要是指纱线的粗细和捻向(Direction of Twist)。纱线粗细的确定一般用对比法,取出原样的纱后,拉直和相近的已知粗细的纱比较,大部分纱线都是常用规格的,如纯棉纱的常用规格有7.3tex(80英支)、9.7tex(60英支)、11.7tex(50英支)、14.6tex(40英支)、18.2tex(32英支)、19.4tex(30英支)、27.8tex(21英支)、29.1tex(20英支)、36.4tex(16英支)、48.6tex(12英支)、58.3tex(10英支)等;麻纱的常用规格有19.4tex(30英支)、24.3tex(24英支)、29.1tex(20英支)、38.9tex(15英支)、53tex(11英支)、64.8tex(9英支)、72.9tex

(8 英支)、129.6tex(4.5 英支)等。所以,有经验的跟单员比较容易确定原纱的粗细,新入行的跟单员则可以将常用规格的纱线贴在纸上,标出对应的粗细规格,做成纱线表,以方便对比。当然,也可以采用称重法,即拆解出纱线后,截取一定的长度后进行称重,然后计算出纱线的线密度。

纱线的捻向可以通过解捻法确定,即将拆解出的纱线用两手的拇指和食指捏住两端,右手的拇指向里捻动纱线,观察纱线的解捻情况。当纱线解捻,则表示为 S 捻纱;若纱线加捻,则表示为 Z 捻纱。另外,如果拆解出的纱线在极短的时间内有退捻现象,则是高捻度的纱线。

(3)织物的规格:机织物的规格主要包括经向和纬向密度、经纱和纬纱捻度、经纱和纬纱的织缩率、平方米克重、每米的克重;针织物的规格主要包括平方米克重、线圈密度、线圈长度(纱长)等。这些织物的规格可以通过一些常用的测量方法获得。

(4)织物的组织:通过拆解或织物镜观察等方法,分析出织物的组织结构,以便确定织造工艺和织机类型。织物组织的分析也可以借助计算机辅助进行。

2. 查找面料 跟单员根据提取到的面料信息,查找符合客户要求或与之相近的面料样品,并提供给客户。跟单员在查找面料时,一般首先要询问长期合作的面料加工厂,看他们是否有类似面料。如果没有,跟单员就要搜索能够提供类似面料的其他加工厂。这些加工厂或面料的搜索一般可以通过网络查询(如一些面料贸易网站或者论坛),参加面料展(如国内的北京和上海的面料展)等方式。当然还有一种比较新的方式,就是很多机构或者院校都设有面料中心,他们可以提供此类服务,跟单员可以直接到这些地方进行查询。

有经验的跟单员在拿到样品后能够快速区分订单中的面料是否为常规品种(Staple)。常规品种是那些织造企业经常生产的,在市场上容易买到的面料品种,这类面料只需要印染加工就可以,不需要定织,可以节约大量的生产时间。刚入行的跟单员很有必要熟悉一下面料的常规品种,拿到客户样品后,对是否需要定织能够快速作出正确的判断,减少不必要的工作。

3. 安排打样 如果找不到符合要求的样品,跟单员就要联系有一定开发能力的面料加工企业安排订做样品。跟单员将提取到的面料样品的具体要求以书面的形式通知面料加工企业的生产技术部门或生产跟单员。外贸跟单员在将样品资料交给生产技术部门前,要确保资料的完整。样品资料一般包括织物实样、花型图和文字描述等,织物实样一般要求足够大,特别是有图案的织物,至少应该有一个完整的花型图案循环。

另外,作为供应商,也要主动提供一些适合客户风格(Style)的新样品,让客户挑选、确认。对于长期合作的客户,跟单员应该充分把握客户产品的设计风格及产品定位,甚至主要的消费群体及消费区域。只有把握了以上信息,跟单员在参加各种专业的面料展览会时,才能有目的地收集一些与客户风格相近的面料信息。同时,优秀的跟单员还会注意了解每一季的面料流行趋势,最近的新型面料及新技术(这些信息可以通过一些专业的期刊和杂志获得),并结合客户产品的风格,将有用信息提供给客户。在本公司产品不具备明显的价格优势的情况下,这方面的工作显的尤其重要,这会让客户觉得你非常关心他们的产品,并参与到他们的产品设计中了,这是积极的供应商,也符合当前供应链管理的要求。在这种情况下,他们也愿意把订单放心地交给你去做。

(二)打样

生产跟单员在将样品资料交给生产技术部门后,技术部门会根据资料确定样品所需原料的品种和数量以及合适的染料,然后由跟单员实施原料的采购工作。原料采购完成后,打样人员会按照已经设计好的工艺上机织造。样品织造完成后,需要对样品进行检查。在此过程中,跟单员需要做好原料采购、工艺确认、打样跟踪及样品检查四项工作。前两项工作需要在打样前进行,打样跟踪则需要贯穿于整个打样的过程中。

1. 原料采购(Sourcing) 跟单员根据技术部门确定的纱线的数量进行原料准备。对于常见的纱线,或者客户先前已经使用的纱线,跟单员可以直接去查库存;而对于库存中没有的纱线,跟单员就需要到市场上购买,购买时要注意纱线的规格和质量要符合客户的要求,跟单员可以就此与客户确认;对于市场上难以购买到的纱线,跟单员需要及时联系厂家进行订制。通常专纺纱线是需要一定时间的,小批量专纺纱线所需的时间可能会更长些。因此,要及时与客户沟通,以书面报告的形式通知客户,争取延长交货时间,求得客户的谅解。

2. 工艺确认(Process Confirming) 打样的过程也是对大货生产工艺进行确认的过程。很多时候,客户需要的面料效果要经过复杂的工艺才能实现,这样就需要更长的工时,成本相应的也会增加,而且大货的交期也会晚些。所有这些影响都需要跟单员与客户及时沟通,征求客户的意见,以便修改工艺。而且有些工艺是不适合大货生产的,要么损耗过大,要么时间过长。若客户一定要求做这样的工艺,就需要提前把这些存在的风险告诉给客户。

3. 打样跟踪(Sample Tracking) 打样跟踪是跟单员日常工作中非常重要的一项,此项工作具有以下两个目的。

(1)监督样品织造的进度,以确保在客户要求的时间内交付样品。样品对客户非常重要,大客户一般每年都会有自己的订货会,他们需要将样品在订货会上展示,而小客户每年也会经常参加一些面料展览会,他们同样也需要展示样品。

(2)确保打样的正确性。跟单员与打样工之间的沟通,有时会出现理解上的差异,特别是对一些模糊性语言,所以跟单员需要跟踪打样过程,以便及时发现问题、解决问题。

4. 样品检查(Sample Checking) 工厂打好样品之后,跟单员需要进行样品检查。检查时,跟单员需要对照客供原样,检查的项目主要有外观风格、手感、克重等,尽量保证样品能够达到客户的要求,如果由于难以克服的技术方面的原因,而达不到客户的要求,那要和客户沟通,看客户是否能接受。

(三)递送样品

样品经过检查,没有问题后,需要将样品以最快的速度报送客户,由客户作出确认或者给出反馈意见。

1. 样品的剪取 样品的剪取尺寸一般按照客户的要求就可以,如果客户没有明确要求则可以按照下面的一般要求来剪取。

(1)按坯布纵向至少1m长度,整幅剪取。如果需进行染色试验,通常机织布需要5~15m的样品,针织布则需要3~5kg。

(2)剪取坯布样品时,剪口要平直、整齐,布面干净、平整,不允许出现剪口歪斜不齐,布面有疵点、污渍等现象。

2. 样品的包装 对剪好的样布,整齐折叠成适当的大小,包装要整齐、牢固、防水、防污。

3. 样品的标识 样品的标识很重要,如果同时送多个样品,标识一定要清楚、准确、容易区分。需要标识的内容应包括订单号、品名、客户名称、线密度、数量、颜色、规格、尺寸、克重等内容。可以用记号笔直接标注在样品的边角处,字迹要清楚、工整,易于辨认。通常情况下,应使用样品卡,将需要标识的内容填在样品卡内,并贴于样品的边角处。样品卡通常用不干胶印刷贴纸,方便填写,并粘贴牢固,样品卡不易过大,一般为12cm×10cm。

4. 样品的提交 样品准备好以后,就可以提交给客户了,需要填制《样品递送单》并与样品附在一起递送。《样品递送单》应一式两份,跟单人员应保留一份作为送样记录。填制好的《样品递送单》应在第一时间用传真或E-mail的形式通知客户,以使客户留意查收。

(1)递送方式:样品的递送一般采用快递、邮寄、空运、直接送样等方式送交给客户。外贸跟单员将样品递送给国外客户一般采用快递方式,目前从事国际快递业务的公司主要有EMS、DHL、FEDEX、UPS、TNT等。快递费用一般采用寄件方预付、收货方支付(到付)和第三方支付三种方式。预付(Freight Prepaid)方式一般用于寄送费用低、客户信誉好的情况下,而到付(Freight Collect)方式则用于寄送费用较高、新开发客户的情况下。采用到付的方式,需要收货方提供某快递公司的到付账号,以避免发生拒付的情况。

(2)形式发票:根据国家有关规定,在快递物品的同时需要提供相应的形式发票。形式发票除了是客户清关的必需单据外,也是出口商样品管理的重要记录。形式发票的内容主要包括收件人姓名、地址以及具体物品的信息(如纱线线密度、成分等)。DHL公司的形式发票见表3-10。

表 3-10 DHL 公司的形式发票

INVOICE STATEMENT(形式发票)

Consignee(接受人):________________ Airbill No.(运单号):________________

Company Name(公司名):________________ Carrier(乘运公司):________________

Address(地址):________________ Weight(重量):________________

____

Town/Area Code(区号):________________ Dimensions(尺寸):________________

State/Country(国家):________________ Phone/Fax No(电话):________________

Full Description of Goods(货物描述)	Manufacturer(生产商)	Quantity(数量)	Unit(单位)	Item Value(单价)	Total Value for Customs(总价)
TOTAL(共计)					

I declare that the above information is true and correct to the best of my knowledge and the goods are of China Origin(声明:如上信息真实可靠,货品原产地中国。)

Reason for Export:Sampling(出口原因:样品)

Signature(签名):________

Date(日期):________

(四)样品意见跟进

样品提供给客户后,跟单员需要积极和客户沟通,尽量让客户给出反馈意见,最好让客户给出对样品的具体意见。一般客户收到样品后会在一周内给出意见,其中包括对织物的外观风格、织物规格及花型等方面的意见。

如果客户对样品不满意的话,会将具体意见反馈给跟单员,跟单员然后会根据客户的意见安排二次打样,直到客户满意。客户满意的样品称为确认样,只有确认样才可以作为大货生产的依据。

二、面料颜色样

大多数客户的订单产品是成品面料(经过印染加工的面料),所以跟单员在订单生成阶段另一项主要的任务就是打色样。

一般情况下,面料供应商应提供面料色卡(Color Chip),跟单员应促使客户在供应商所提供的色卡或纱卡中选定其订单所需的色号。这样可以简化面料样板批复、修改等工作。如果客户对提供的颜色不满意的话,可以根据客户的要求打色样。当然跟单员可以通过面料供应商寻找一些颜色相近的布样,供客户选择,以节省打样和批复的时间。颜色样打好后,跟单员要进行审核、递交给客户,并跟踪客户批复或修改意见,有必要的话还要二次打色样。

打色样通常是在客户确认面料品质样之后进行的。打色样的过程实际上也是生产企业确定染色配方和染色工艺的过程,它是后续大货染色生产的基础。颜色样的及时确认是保证大货面料顺利染色的关键。在允许的情况下,越早确认颜色,对大货生产越有利。因此,跟单员在打色样和客户批复的过程中,必须与客户和生产企业保持良好的交流和沟通,以确保面料订单的顺利生产。下面详细介绍一下打色样的过程和跟单员主要的工作内容。

(一)填写《打色样通知单》

跟单员需要根据客户要求填写好《打色样通知单》,其内容一般包括颜色标准样、色名与色号、纱线线密度(纱支)、成分、打样的板数、对色光源、色牢度、打样坯布规格及大小、通知日期及完成期限,有的公司还会对染化料的环保性进行要求。具体的打色样通知单见表3-11,当然不同企业的单据格式是不一样的。

表3-11 打色样通知单

<table>
<tr><td colspan="2">客户名称</td><td colspan="2"></td><td>制单编号</td><td></td></tr>
<tr><td colspan="2">面料编号</td><td colspan="2"></td><td>色号</td><td></td></tr>
<tr><td colspan="2">坯布成分</td><td colspan="2"></td><td>打样数量</td><td></td></tr>
<tr><td colspan="2">纱线线密度(纱支)要求</td><td colspan="2"></td><td>印花方式</td><td></td></tr>
<tr><td colspan="2">打样完成时间</td><td colspan="2"></td><td>订单交货期</td><td></td></tr>
<tr><td colspan="2">对色光源</td><td colspan="4"></td></tr>
<tr><td colspan="2">色牢度要求</td><td colspan="4"></td></tr>
<tr><td colspan="2">原样色板</td><td colspan="4">新 样 色 板</td></tr>
<tr><td>色名</td><td>色号</td><td>A</td><td>B</td><td>C</td><td>D</td></tr>
<tr><td></td><td></td><td></td><td></td><td></td><td></td></tr>
<tr><td></td><td></td><td></td><td></td><td></td><td></td></tr>
<tr><td></td><td></td><td></td><td></td><td></td><td></td></tr>
</table>

主管批准:________ 日期:________ 签收:________ 日期:________

1. 原样色板 原样色板主要有客供色样和PANTONE色号两种形式。

(1)客供色样:客供色样的形式可以是纸片、织片或一小撮纱线。如果是织片的形式,规格一般要求不小于6cm×6cm,客户色样的尺寸应适当,过小会影响打样员对颜色的判断。

客户的色样要干净整洁,且材质与待加工坯布一致。纸板样或其他色样会在一定程度上影响最后颜色的确认。客户的色样有时是单色的,有时也会是经纬异色、麻灰双色,甚至是混纺面料的多色效果,跟单员要严格按照客户要求打色样。

(2)PANTONE色号:PANTONE色彩匹配系统(Pantone Matching System)是涵盖印刷、纺织、塑胶、绘图、数码等领域的色彩沟通系统,它将颜色以数字语言的方式进行了统一的描述,已经成为国际色彩的标准语言。专门用于纺织业的PANTONE色卡已成为服装设计师、生产商、零售商以至客户之间的标准化色彩语言。无论处于世界任何地方的客户,只要指定一个PANTONE颜色编号,生产企业就可以通过查询相应的PANTONE色卡,而找到所需颜色的色样,按客户要求的色彩进行染色。

PANTONE色彩匹配系统的所有色样,都是在美国新泽西州卡尔士达特市的PANTONE总部的自设工厂统一印制的,它能保证在世界各地发行的PANTONE色样完全一致。而且,由于其制作工艺的复杂性和特殊性,至今还没有听说有人仿制或假冒。经过近40年的发展,PANTONE公司的产品广泛应用于世界各地,可以说,凡是需要进行色彩沟通的地方,都在使用PANTONE色彩匹配系统。所以,PANTONE色彩匹配系统是国际贸易中必不可少的重要工具。

纺织用的PANTONE色卡有TP PANTONE(Textile Pantone Color on Paper)(纸版)和TC PANTONE(Textile Pantone Color on Cotton)(棉布版)两种。当客户使用TC PANTONE色卡作为色样时,要注意的是因纸质色样与织物色样对光的反射不同,所以前者比后者显白。

2. 打样数量 一般情况下,化纤类染色面料每种颜色打4个板,其他类型面料每种颜色打2~3个板。

3. 对色光源 面料的视觉颜色与所处的光源有直接关系,同一种颜色在不同的光源下会呈现一定的色泽偏差。关于这点,我们在购买服装时都有深切体会，如某件衣服的颜色在店里的灯光下看起来很好看，可是拿到店外的日光下观看，却发现颜色发生了变化。所以，客户一般会规定双方在什么样的环境下对色。

这里的对色光源一般是指验色灯箱的光源。标准的验色灯箱（Standard Light Box）有美国 NachbQth Spectr、um Ⅲ灯箱，中国的 TILO 灯箱等。一般的验色灯箱都有多种对色光源，如 D65、U30、TL84 灯光等。不同的国家和地区所要求的对色光源并不一样，不同的客户提出的对色光源也不一样。通常情况下，有些欧洲的客户会要求用 D65 和 TL84 光源同时进行对色；而美国的客户则会要求 D65 和 CWF 光源进行对色；而大部分客户一般只指定用 D65 一种光源进行对色。几种常用的对色光源及用途见表3－12。

表 3－12　对色光源及用途

光源名称	灯的类型	用　　途
D65	过滤钨灯	模拟自然日光条件，即北窗室内光的条件
A	钨丝灯	与其他光源配合使用来鉴定样品是否存在同色异谱现象
U30	美国商业荧光	模拟美国商店灯光，美国的另一种商店灯
CWF	美国商业荧光	模拟美国商店或办公灯光，有时称冷白光
UV	荧光或紫外光	用于观察织物控制白度的效果
TL84	欧洲商业荧光	模拟欧洲商店灯光

4. 色牢度　染色面料在穿着和保养过程中会因光、汗、摩擦、洗涤、熨烫等原因发生褪色或变色现象，从而影响织物或服装的外观美感。经受外力作用后的褪色程度即为面料的色牢度，它是面料考核项目中的一项重要技术指标。色牢度（Color Fastness）一般有耐光晒、耐水洗、耐摩擦、耐汗渍、耐熨烫等，每一色牢度项目又有相应的评判等级，色牢度一般为 5 级 9 档，即 1 级到 5 级之间又可分为 4 个半级，级数越高，色牢度就越好，5 级最好，几乎不掉色，1 级最差。耐日晒、耐光色牢度分为 8 级，级数越高色牢度越好。

（二）通知面料供应商打色样

填写完成后，跟单员需将《打色样通知单》转给面料供应商打色样，作为面料颜色样板的依据。

面料分为染色面料(素色)、印花面料和色织面料,因此面料颜色样板也分为染色烧杯色样、印花手刮样(Strike Off)和色织样(Hand - loom),染色烧杯色样一般需要 2 ~ 3 天,色样大小一般不小于 6cm × 5cm,印花手刮样需要 10 天,大小尽量有一个完整的花型循环或 50cm × 50cm,很多工厂为了保证颜色和花型的准确性,直接做网版、放大样。色织色样需要 10 天左右,大小一般同 A4 纸大小。

(三)打色样

打色样是生产企业的化验室的工作,并不需要跟单员的直接参与。这里简单介绍下化验室的打色样的过程。

1. 准备工作 打色样之前,化验室需要做坯布处理和打样配方确认两方面的工作。

(1)坯布处理:由于打色样是确认大货工艺的基础,所以要求化验室人员在打色样之前首先确认打色样所用的坯布是否与大货生产用坯布一致,如纱线线密度、织物密度和厚度等是否一样。如在基本规格相同的条件下,坯布的厚度越接近,使用相同染色配方染色后的颜色就越接近。打色样前,化验员还需要根据大货生产的特点和后整理要求,考虑色样坯布是否需要进行必要的前处理。如普通涤纶织物在打样前必须使用洗涤剂对其进行前处理,而强捻涤纶织物在打样前必须作减量,才能保证打样颜色的准确性。

(2)打样配方确认:一般生产企业的化验室会有参考样卡,参考样卡是经过整理的各种颜色的小样,这些小样是生产企业以前打样后的留样。为了提高打样的效率,化验室会将客供原样与参考样卡对比,找出颜色相似的样卡。然后,查找出相应的打样配方作为要打色样的染色配方的参考。

如果化验室没有参考配方,就需要化验员根据颜色要求、生产难度、生产成本和颜色牢度等方面的要求,建立相匹配的染料组合、确定配套的助剂和相应的用量,保证无同光异谱现象。

(3)选定染色工艺:确定染色及前处理和后处理流程、配方温度和升降温速度。

(4)确定配料方法与加料顺序。

2. 打样 在确认好坯布和染色配方后,化验室就可以用确认好的染色配方对坯布进行染色实验了。影响打样的因素很多,如染样设备、染料、助剂、吸料等,化验员需要根据打样面料的类型选择适合的染样设备和正确的染料进行染色。如甘油打样机适合于用分散染料(Disperse Dyes)染涤纶;直接染料(Commercial Dyes)适合染天然纤维。然后将坯布进行染色,染色完毕后烘干。

将每次打样的结果与配方贴在一起,使结果具有可比性,帮助调色师尽快确认染色配方的需求方向和用量,并能方便发现打样过程中的异常情况。

(四)颜色样的审核

面料供应商或面料部门按颜色样板通知打好色样后,提交给跟单员。跟单员在寄给客户确认之前需要亲自进行审核。审核的内容有如下几个方面。

1. 色名及色号 检查面料颜色样的色名、色号是否与客户原样完全一致。

2. 面料对色 面料对色就是观察面料的样品颜色与客户原样间的颜色差别。由跟单员会同质检部门对颜色样板进行颜色核对,鉴别面料样板颜色与客户原样板的颜色是否一致。

(1)对色光源:如果条件允许的话,最好选用标准的验色灯箱,并按照客户指定的对色光源,对颜色样板进行对色。如果由于条件限制,没有标准的颜色灯箱,可以在窗户向北的房间里打开日光灯的条件下进行对色。通常光线强度为4只40W的日光灯的强度,日光灯的高度为距离检验工作台50cm。

(2)对色背景:对色结果也会受到对色背景的影响。为了减少这种影响,可以在颜色检验工作台的表面先铺上涤棉半漂布,然后盖上毛玻璃或者普通玻璃。

(3)对色方法:在对色时,需要将两块尺寸接近的色样并排摆放在工作台上,要做到两个色样放置的方向一致。在对绒面织物进行对色时,需要特别小心,一旦绒毛的顺向不同,所看到的颜色会有很大差异。另外,要保证光源的稳定,避免跳灯、炫光等现象,以提高对色的准确率。对于质量标准高、要求严格的产品,颜色样板对色应由专门的技术人员在指定地点进行。

跟单员经过对比后,如果发现与客户的颜色标准差异比较大,就需要返回给染色工厂重新打色样。

3. 色牢度检验 色牢度的测试项目很多,根据客户和面料的用途而有所不同,如一般织物都要测试光照牢度和皂洗牢度(Fastness to Soaping),而只有泳衣类面料才测试耐海水牢度。测试的标准可以按照客户的标准进行,测试完毕后,要用灰色样卡(Gray Scale)评定试样的变色程度和贴衬织物的沾色程度。

灰色样卡提供了很多标准颜色差别,这些颜色差别模拟了面料褪色(Fading)或沾色(Staining)前后的差别,通过将测试前后试样的差别情况与灰色样卡提供的标准颜色差别对比,就可以得到试样的色牢度等级。评定变色的具体检验方法可以参照国家标准GB 250—1995(等同于国际标准 ISO 105/A02—1993);评定沾色的具体检验方法可以参照国家标准GB 251—1995(等同于国际标准 ISO 105/A03—1993)。

4. 其他 还需要检查颜色样是否粘贴牢固,最好用质量好的双面胶粘贴,以避免色样掉落而把颜色小样的顺序弄乱。因为,即使是同一个颜色,对于不同的色样来说,染料配比和色头都有所不同,如果把顺序弄乱后,就很容易更改记录,严重的会影响大货的生产,甚至导致客户索赔。

(五)颜色样的确认

面料颜色样对色完成、审核合格后,由跟单员将颜色样送交客户确认。色样寄给客户后要及时催促客户给确认意见,并做好记录,将最后确定的颜色样制作一式两份,送面料供应商一份,自己存底一份,以方便后续的生产过程中准确核对大货面料的颜色。客户确认颜色样板以后,就可以进行大货面料的生产。需要注意的是,客户一般不要求小样洗水,面料的洗水样一般从大货中抽取。

不同的客户对颜色样的要求不同,有些客户非常严格,如有些颜色样的对色结果为90%以上,却仍然无法通过。如果颜色样未获客户通过,客户一般会提出更正颜色样的具体要求,如客户要求颜色加深或变浅,或者进行亮度的调整。通常情况下,批复评语会用英文简写表示,如LG为少绿(Less Green),AY为多黄(Add Yellow)。遇到这种情况,跟单员最好再次要求客户提供对照色卡,以便能按照客户的要求进行修改。有时客户只确认了订单中的一部分颜色样板,此时跟单员应留意跟进其他颜色样板的确认进度,并确认新的批复期,以方便后续面料生产的跟单工作。

三、询价报价

一般在样品得到客户的确认后,就可以根据客户的询价条件进行报价。询价(Inquiry)也叫询盘,是指贸易的一方向另一方发出的询求购买或销售某产品交易条件的表示。询价是交易的起点,有普通询盘(General Inquiry)和具体询盘(Specific Inquiry)两种形式。普通询盘一般是客户索取普通资料,如产品目录、价目表等。具体询盘则是客户给出具体的询价条件进行询价。

客户在具体询盘时,一般都会说明询价条件,如果询价条件不明确的话,跟单员需要与客户确认。在得到客户的询价条件后,跟单员要认真分析,根据询价条件的不同而报不同的价格。询价条件主要包括以下几个方面。

(1)面料规格和数量:对成品布来说,需要具体到每个颜色或者花色的数量。有时客户的数量比较小,难以达到加工厂的起订量,加工费用可能就会高一些。

(2)面料的质量要求:如有的客户对面料的撕裂强力和拉伸强力要求比较高,那就要选择好的坯布。有的客户对面料的色牢度比较高,各项都要求4级以上,那就选用好的染料,好的染色工艺。所以,客户的要求比较高的话,就会增加原料成本或者加工成本。

(3)报价形式:国外客户一般都要求按某种形式的价格报价,如CIF、FOB或EX-MILL。

(4)包装要求:有的客户要求纸箱包装,而有的客户则要求塑料袋包装,以至于包装成本也不同。

所以,在报价前,先要明确客户的询价条件,询价条件不同,价格自然不同。明确了询价条件后，跟单员需要在本公司总的报价原则的基础上，根据不同类型的面料进行报价。外贸公司对国外客户报价时，可以不用考虑面料的生产成本，而直接比较不同生产企业的报价即可。而作为生产企业，在向外贸公司或者服装企业报价时，就必须考虑面料的生产成本，同时还要考虑外贸公司所要求的报价方式，如经销方式、双经销方式或加工方式。

(一)面料报价的基本公式

每家公司追求的利润率有所不同，面料报价原则就是在保证公司要求的利润率的前提下，报出合理的价格。基本公式如下。

(1)国内报价：

$$面料人民币价格 = 面料成本 + 利润$$

其中，面料成本 = 原料成本 + 织造费用 + 染色印花后整理加工费 + 检验打卷包装费用 + 税费 + 各个环节的损耗 + 其他固定费用

(2)国际报价(以FOB、美元价格为例)：

$$面料美元价格 = \frac{货物的出厂价或出库价 - 出口退税额}{外汇汇率} + 工厂(仓库)到港口或机场的运费 + 装仓费 + 利润$$

(二)机织面料的询价报价

由于机织面料上机织造的工艺比较烦琐，染色的程序比较复杂，一般的起订量比较高，如牛仔布一般起订量为5000m，色织布为3000m，常规染色布的起订量为1000m，订制染色坯布的起订量为3000～5000m，印花布的起订量为3000m(一套颜色组合)。有些企业对低于起订量的订单要加收额外费用。所以，首先要考虑客户询价的数量。当然，有时候外贸跟单员并不需要去计算面料的成本，而是直接向面料供应商询价，只要能够保证本公司的利润底线就可以了。

机织面料的报价是以长度为报价单位的。有些地区以米为单位，如一些欧洲国家；有些地区以码为单位，如美国、加拿大、澳大利亚等。下面简单介绍常规面料的成本核算。

1. 原料成本估算 面料的原料成本是指纱线的费用。计算纱线的费用，首先需要确定经纬纱的用纱量，然后乘以纱价就可以了。由于外贸跟

单员从客户处接到的一般都是成品面料，所以跟单员在进行原料成本估算时，需要从成品面料的规格中得到单位长度的坯布的纱线用量。由成品面料计算单位长度坯布用纱量的基本流程，如图 3－4 所示。

图 3－4　坯布用纱量的计算流程

我们在前面的基础知识里面提过，坯布经过后加工得到的成品坯布会出现幅缩率，同时匹长方向也有缩率，这些缩率值一般都是某一工厂的经验值，跟单员很难得到准确值，只能参照一般经验值。有了织物缩率后，就可以估算坯布面料的密度。

$$\text{坯布经密} = \text{成品经密} \times (1 - \text{幅缩率})$$

$$\text{坯布纬密} = \text{成品纬密} \times (1 - \text{匹长缩率})$$

然后，由坯布密度计算单位长度用纱量（g/m）。

$$\text{经纱用量} = \frac{\text{坯布经密} \times \text{幅宽} \times n}{\text{经纱公制支数} \times 10}$$

$$\text{纬纱用量} = \frac{\text{坯布纬密} \times \text{幅宽} \times n}{\text{纬纱公制支数} \times 10}$$

这里的经纬密采用的单位都是根/10cm，幅宽的单位是 cm，纱线细度单位是公制支数，如果遇到的单位是其他单位可以参照基础知识里面的换算关系进行换算后，再计算。式中的系数 n 是由织物缩率和损耗等因素决定的，不同类型的织物可能并不相同，一般工厂都有自己的经验值，另外，对于弹性面料则更加复杂，在这里不再讨论。

最后，单位长度坯布的原料成本就可以粗略得到。

$$\text{单位长度的原料成本} = \text{经纱用量} \times \text{经纱单价} + \text{纬纱用量} \times \text{纬纱单价}$$

我们来举例说明，常规品种全棉纱卡其坯布的规格是 36 公支 ×27.5 公支 ×504 根/10cm ×236 根/10cm ×160cm，此织物的 n 值取 1.11。根据公式计算如下。

$$\text{经纱用纱量} = \frac{504 \times 160 \times 1.11}{36 \times 10} = 248.6\text{g/m}$$

$$纬纱用纱量 = \frac{236 \times 160 \times 1.11}{27.5 \times 10} = 152.4\text{g/m}$$

假设 36 公支棉纱的价格是 20000 元/t，即 0.02 元/g，那么经向用纱成本如下。

$$248.6 \times 0.02 = 4.97 \text{ 元/m}$$

同样，假设 27.5 公支的棉纱价格是 18000 元/t，那么纬向的用纱成本如下。

$$152.4 \times 0.018 = 2.74 \text{ 元/m}$$

则此规格的面料原料成本如下。

$$4.97 + 2.74 = 7.71 \text{ 元/m}$$

2. 织造费用 织造费主要与纬密有关，纬密越高，织造费用越高。另外，织造费用还与织机类型、原料规格和织造难度等有关。通常生产企业报出的织造费用是每厘米坯布的织造价格，但这个价格通常被说成“纬”，即每厘米的费用表述成每纬的费用。如一般全棉坯布用喷气织机织造费用为“一毛钱一纬”，是指每厘米的织造费用 0.1 元。

有些品种织造难度比较大的，织造费又要高一些。如织物组织越复杂，织造难度越大，织造费用相应会高些。织物幅宽越大，织造费也越高。另外，织机的类型也会对织造费用有影响，一般来说织机越高档，织造费越贵。

织造费用还会受到季节的影响，淡季的织造费比旺季便宜些，一般上半年是淡季，下半年是旺季。规模较大的生产企业，管理规范、产品质量有保证，同样织造费用也会高些，跟单员可以根据客户的质量要求选择合适的生产企业。

另外，跟单员还要注意自己所跟订单产品是否为常规产品，常规产品的织造费用一般较低，且相对稳定；特殊产品的织造费用较高，且变化较大，一般与产品复杂程度、生产工艺的难度、织机的类型以及生产数量有关。

3. 织造损耗 面料在织造过程中会有一定的损耗，主要是需要裁掉的布边组织，所以跟单员通过成品面料进行估价时，就需要考虑到坯布的损耗。一般坯布的织造损耗为 1% ~3%，不同原料的产品会有所不同，如化纤长丝的布边组织用纱量约占坯布总用纱量的1.5%，而粘胶纤维坯布的布边组织用纱量占总用纱量的2.5%~3%。

4. 染色印花加工费 染色加工费用受多方面因素影响，主要包括染色方法、使用的染料、染色工艺、织物规格及颜色深浅等。

染色方法有轧染、卷染和浸染三种。使用不同的染色方法，则加工费用也不同。如一般情况下，全棉织物使用活性染料长车轧染，较厚的秋冬面料的染费在2.8元/m左右，高于绳状浸染的费用。绳状浸染是最常用的染色加工方式，普通的全涤织物使用绳状浸染，春夏面料在1元/m左右，秋冬面料在2元/m左右。普通的印花根据有几套色，幅宽的大小，加工费从2~5元/m不等。

在计算染色印花加工费时，还要考虑到染缩率。不同类型的织物的染缩率有很大不同，染缩率是实际生产中的一个经验值，跟单员可以通过咨询生产企业中有经验的人获得。另外，在本章基础知识中的“幅宽”部分也有所阐述。

对于非常规面料，如锦纶、天丝及莫代尔面料等；或者需要特殊加工的面料，如特富龙三防处理、绣花加工费、涂层及复合等。都需要详细咨询相应的生产加工企业，得出准确的费用。

5. 后整理加工费 整理加工费根据客户对整理要求的不同而不同，一般常规整理的费用较低，而特殊整理的费用就比较高。如柔软整理属于常规整理，它的价格是由柔软剂的加入量和柔软剂的价格决定的，通常柔软整理的费用为0.1元/m。而轧花整理则是一种特殊整理，主要目的是赋予面料特殊的外观效果，它的价格是由轧花花型的复杂度和加工难度决定的，通常轧花整理费用为0.6元/m左右。

6. 检验打卷包装的费用 检验打卷的费用一般不超过0.1元/m，而包装的费用因为使用的包装材料的不同而有很大不同。

7. 其他费用 此部分费用包括两个部分。一个部分是生产企业的管理费用，由于此项费用很难准确统计，生产企业一般会加在利润空间里面；另一个部分是出口纺织品产生的一些其他费用，如装箱费用、运输费用、证件费用（包括商检费、公证费和报关单费等）、税费以及保险费用等，关于这些费用，跟单员可以直接询问本公司的有关人员即可。

以上就是面料的成本构成,需要说明的是,这里的理论计算只适合于常规类型的面料,而一些新开发的、特殊整理的、特殊功能的面料,由于附加值比较高,所以生产企业的报价远高于成本。另外,被一些大公司垄断的特殊面料的价格也不适用以上的计算方法进行估计,这些面料的价格同样远大于其成本,如金属面料刚面世时,由于其独特的风格和服用性能,很受一些服装大买家的青睐,面料价格高达 50 ~ 60 元/m。TENCEL、COOLMAX、Bemberg 等纤维和面料的生产由几家大公司控制,所以价格也比较高。

跟单员将成本估算出来后,就可以加上本公司的利润进行报价了。每个公司的利润空间是不一样的,不同的客户对价格的承受能力也有所不同。因此,跟单员在加利润的时候需要综合考虑,最好在将报价传给客户之前,先由部门主管进行审核。报价时,要根据客户要求的报价方式进行报价,如 FOB 价格。同时,价格计算出来后,还要将人民币价格折算成客户要求的国际结算货币的价格,如美国的客户一般会选择美元为结算货币,而有些欧洲的客户则要求报英镑价格或欧元价格。

(三)针织面料的询价报价

针织坯布的上机织造工艺相比机织坯布简单得多(如纱线一般不需要上浆),染色和后整理也可以适用于小批量,所以常规品种的针织面料一般起订量比较低,如 100kg 。

由于针织面料的伸缩性比较大,长度和幅宽在拉伸的状况下不稳定,在记码机上测量的长度不准确,所以一般以重量为报价单位,如千克(kg)、磅。但有些客户为了更加直观的了解一件服装的大约成本,需要我方报每米或每码的价格,这就需要先在面料自然状态下用克重仪测出每平方米的克重,再根据每千克或每磅的价格换算出每米的价格。

针织面料报价的构成因素与机织面料的一样,不同之处在于一些构成因素的具体计算方法(如原料成本的计算)和价格。下面简单说明下针织布原料成本的计算。

跟单员在进行原料成本估算时,与机织面料一样需要从成品面料的规格中得到单位重量的坯布的纱线用量。

由于针织坯布在印染工艺过程中，经过前整理、煮练、染色等，坯布与溶液中的染料结合，会吸湿膨化，所以一般都会增重 15～20g/m^2。当然，这个值会随着原料纤维、织物结构、染色工艺及染料的不同而有一定程度的浮动。如普梳纱因杂质较多，同种纱线线密度的织物较精梳纱的成品会轻些；纬平针织物与罗纹织物相比，线圈构造更加密实，故坯布与成品的克重差要比罗纹布小。所以，坯布的平方米克重（g/m^2）如下。

坯布平方米克重 = 成品平方米克重 - 染色增重

四、订单评审及签署

（一）订单评审

当样品得到客户确认，双方价格谈妥后，客户就会下正式的订单。供应商在签订订单之前，需要对订单进行审核。供应商在评审订单时，一般会组织跟单人员、生产人员及质检人员一起参加，审核的内容主要有以下几个方面。

1. 价格 价格评审的主要内容包括币种、数额和付款条件，要检查这些项目是否与以前的协议价格相符，如有不符应立即与客户协商。

2. 面料规格 在正式订单中最好应该有面料的详细规格。对于针织面料来说，最好能有面料克重的要求，特别是原料价格较贵的毛绒面料。面料克重是衡量面料质量的重要标志，也是成本控制的重要参数。很多企业在生产面料过程中都会通过控制面料克重来控制成本。跟单员在收到订单的时候，要检查订单要求的克重是否与之前确认样品的克重相符。

3. 检验标准 检验标准一般作为合同的附件出现的，它是面料生产、交货的参考。供应商需要了解客户所在国家关于订单产品的国家标准，或者国际标准。如果客户对某些标准要求过高，供应商感觉生产中难以实现，则可以参考相应的国际标准，与客户协商。

4. 交货期 交货期对于客户来说是至关重要的，特别是那些季节性要求比较强的服装，面料交付的是否及时关系到新一季产品能否准时上市。

对于不同品种、不同花型、不同加工厂及是否为旺季，订单的生产周期有所不同。一般来说,成品面料的生产周期为 1 ~ 2 个月。如果是外贸订单,还需要加上 3 ~ 4 天的时间来准备出口单据。

跟单员在收到订单之后需要跟加工厂核对实际交期。如果客户给的生产周期很短,跟单员就需要与客户协商是否能推迟交期。有些时候,客户因为某种原因一定要保证原来的交期,就需要跟单员与加工厂进行协商,查看是否可以把该订单当成特殊订单处理。有些加工厂对于急单是有一定规定的,如需要加收一点费用。当然,这些都需要与加工厂进行最后协商。

5. 起订量 面料的起订量与公司的规模及设备情况有关。大公司一般起订量大一些,这是从优化生产和设备能源来考虑。但随着国际竞争市场的不断加剧,各种订单开始向多样化、小批量发展。因此,为了增加竞争力,各个面料公司开始降低起订量的标准。

6. 付款条款 合同中的付款条款对于外贸公司来说很重要。外贸公司与客户协商,可以采取信用证付款或者 T/T 付款。

用信用证付款的好处是有银行作为担保,有了提单就可以付款,付款风险小。但是信用证很容易出现不符情况,如果出现不符点,银行会扣除相应的款额。因此,在开信用证和出货的时候一定要仔细查看,避免出现不符而影响收款。

T/T 付款一般为发货后一定的天数付款,如"T/T 30days"就是指发货后 30 天付款。该付款形式操作简单,但风险大,一般发生在比较熟悉的供应关系中。关于付款的具体内容读者可以参考第五章第一节中的相关内容。

(二)签订合同

1. 客户大货生产前的预订 有的公司会提前做好新一年的大货订单的预订,并让工厂预留一定的生产工时。这种提前的预订订单不是最终的订单,它会做相应的更改。

2. 正式合同的签订 当价格、克重、交货期、起订量等审核合格后,就可以签署正式的大货生产合同。一般的大货生产合同中要有双方法人的签字及公司盖章才能生效。但对于长期供应关系,双方通过邮件订购的合同在法律上也生效。

五、文件资料整理

在跟单工作中，资料整理非常重要。资料整理的好坏直接影响到跟单员跟单工作的好坏。

在订单生产期间，跟单员需要整理的资料很多，从联系客户开始一直到客户下单的过程中，会有大量的文件资料，主要包括以下几类。

（一）客户基本资料整理

客户基本资料的整理主要是为每一个客户建立信息档案，基本内容请参见第二章中的“客户维护”部分。

（二）样品资料整理

1. 颜色样板整理 已经完成的面料颜色样要贴在规定的表格内（如公司统一汇总的颜色样板卡手册），并根据打样通知书标明色号、色名、编号、送样日期等。注意要对所有颜色样卡进行编号，以便日后能随时复查，并按时间顺序排放。妥善保管好颜色样板卡，防止褪色、潮湿或发霉等现象。同时，还要定期清理已经过时的面料样板，将不用的样板作封存或丢弃处理，以便空出文件夹和空间放置新的面料样板。

2. 客户原样整理 客户给的原样（包括原手感样和原品质样）要妥善保管，一般公司统一按照一定的顺序编排，由样品管理员统一保管，或者按客户要求退回原样。但一般来说，对于要退回的原样，跟单员需要对原样进行电子存档，以便日后需要的时候查找。

3. 样品整理 按照客户要求打的样品，特别是客户确认的样品，一般需要一式两份，一份寄给客户，另一份留档。这两份样品需要尽可能一样，包括颜色、纱线线密度、组织、经纬密度等。并注意要标明日期，便于查找。

一般公司设有样品库，开发的留底样品交给样品库管理员进行统一管理。但需要跟单员对样品进行编号并记录时间，特别是最终客户确认的样品，一定要妥善保管，以便需要的时候能顺利找到。

（三）订单资料整理

1. 价格资料整理 跟单员要详细记录为客户报价过程中产生的报价资料。包括时间、报价依据、客户反馈信息、更改价格日期及最终确认价格等。具体报价内容见表 3－13，并且根据每个公司具体情况，该表格要做相应调整。

表 3－13　客户报价表

Client(客户)	PR	Remarks(备注)
Date(日期)	2008－5－22	
Sample type(样品类型)	Proto	
Style No(款号)	PR08002	
Description(描述)	JACQ	
Line density(线密度)[Yarn Count(纱支)]	18.2tex (32 英支)	
Composition(成分)	100% COTTON	
Gauge(针型)	12G	
Width(幅宽)	1.44m	
Yarn Weight per Meter(每米克重)	0.15kg/m	
Yarn Price per Ton(每吨价格)	18200.00 元	
Material Costs RMB(原料费)	2.81 元	= yarn weight per meter × yarnprice × $\frac{1+\text{wastage}}{1000}$(纱线单位重量 × 单位价格 $\frac{1+\text{损耗率}}{1000}$)
Knitting Costs RMB(织造费)	2.50 元	
Dying Costing RMB(染色费)	3.00 元	
Finishing Costing RMB(后整费)	0.50 元	
CMT RMB(加工费)	6.00 元	= knitting cost + dying cost + finishing cost(织造成本 + 印染成本 + 后整理成本)
Other Costs RMB(其他费用)	2.00 元	
Ex Factory Cost USD(出厂费)	10.81 美元	= material costs + CMT + other costs(原料费 + 加工费 + 其他成本)
1st FOB USD(一次报价)	2.14 美元	$=\frac{\text{Ex Factory Cost}\times 1.1(\text{出厂费}+\text{利润})}{\text{汇率}}$
2nd FOB USD(二次报价)	2.10 美元	报价日期:2008 年 5 月 25 日
3rd FOB USD(三次报价)		
Price Final Confirmed USD(确认价格)	2.10 美元	价格确认日期:2008 年 6 月 1 日

续表

Client(客户)	PR	Remarks(备注)
Customer Target Price USD(客人目标价格)	2.00 美元	
Bulk Quantity(大货预计数量)	5000.00 件	
Amount Price USD(总价值)	10500.00 美元	

与客户磋商过程中的任何价格方面的变动都需要体现在上面的价格表中,这样既便于跟单员进行资料整理,又便于跟单员进行利润控制。

2. 订单整理 对于客户下的订单,跟单员要进行妥善整理,放在专门的订单夹中,按照不同的客户进行分类,并按收到订单的先后顺序进行排列。对于订单品种较多的客户还可以按照面料的类别进行分类,如平面面料、提花面料及特殊处理面料等。

(四)重要邮件整理

在订单生成期,外贸跟单员会与客户有很多往来的邮件,对于重要的邮件,跟单员需要打印出来进行书面存档。比较重要的邮件有如下几种。

(1)关于价格的邮件,特别是双方确认价格及付款条件的邮件。

(2)客户关于样品质量、颜色等的确认意见。

(3)关于确认交期的邮件。

(4)关于公司地址、公司银行及相关联系人的邮件。

第三节 常见问题及处理

订单生成期涉及很多工作,如样品开发、报价、落实合同等。在实际工作中,要做到从容解决自己遇到的问题,就需要跟单员不断积累工作经验,并且还要借鉴他人的经验。本节简单列出了几项跟单员在订单生成期的常见问题及处理办法。

一、样品开发及报送过程中的问题及处理

1. 颜色小样未得到客户的确认 跟单员将颜色小样报送客户后，却得到否决的结果，这是常遇到的情况。每个客户对颜色小样都非常重视，因为颜色小样正确与否，直接反映生产企业的技术能力。所以，跟单员在将颜色小样寄出之前，需要对照原样进行对色检查，检查时要注意所选择的对色光源是否符合客户的要求，同时还要在对色时，光源是否稳定。

通常打色样前，客户会明确规定对色光源。美国商店里用的照明光线接近于 CWF 光源，所以美国客户一般把 CWF 作为主光源，D65(Daylight)作为辅光源；而欧洲商店里采用的照明灯光接近于 TL84 光源，所以欧洲客户一般会把 TL84 作为主光源，D65 作为辅光源。跟单员在填写《打样通知单》时，一定要仔细检查是否填错对色光源。同时，跟单员在进行对色检查时，也要注意不能选错光源。

如果跟单员和生产企业都确认对色检查时，所选光源是客户要求的光源，跟单员就需要与生产企业确认对色检查的操作是否有问题。如对色检查时，是否出现下面的现象：在标准灯箱的主光源下，颜色小样和客供原色样很接近，但在辅光源下却相差太大；或在主光源下看显红光，在辅光源下看显黄光。这种现象称为跳灯，也就是在两种光源下和原样比显现两种不同的色相。如果出现这种情况，跟单员需要提醒生产企业调整染色配方，重新试验，直到满意为止。

2. 样品费用问题 无论外贸跟单员还是生产跟单员，在联系客户，特别是初次联系客户的时候都会遇到样品费用的问题。单个样品的费用并不高，但是长期积累下来却是笔不小的开支。那么这笔费用由客户负担，还是由外贸公司或生产企业负担，是个左右为难的事情。

这个问题比较难找到统一的解决办法，不过很多办法对新手来说很有借鉴意义。如对不同的客户区别对待。老客户比较信任，因为有订单，完全可以把样品费用计入成本；对新客户，则可以事先说明让客户先付样品费用，等有订单后，再退还样品费用；如果样品费比较高的话，也可以尝试与客户商量能否各付一半。这样处理比较灵活，而且可以杜绝那些只想收集样品，不想下订单的贸易公司。

样品的邮寄费用也是笔不小的数目,国内的快递费用一般不多,但国际快递费用则比较贵,如1kg的货物从中国快递到英国一般需要400元人民币,所以快递费用采用到付肯定没问题的,国外客户一般会提供到付的账号。

样品快递到国外后,客户也可能会拒收,当然这种情况很少见。样品在快递到国外后,如果客户因为某种原因,如突然取消此类面料的订购了,那就有可能拒收样品了。这时,如果样品再退回到国内,那国内公司就要出一笔不小的往返快递费了。所以,有些公司的做法是,如果面料样品价格不贵,就可以申请快递公司在当地销毁样品。这样就少付一半的快递费用了。

3. 开发的样品客户不满意　生产企业开发出来的样品,客户不一定很满意,特别是一次样。因此,跟单员需要充分与客户沟通,确认客户的想法,把客户的想法和意见准确地传递给生产企业的打样车间。并与工艺技术人员深入的沟通,如果经多方努力还是达不到客户的要求,就需要查找原因。如果是因为生产企业的技术原因,那么就应该督促生产企业解决。如果是因为客户的质量标准有问题,就应该与客户沟通,并提供给客户合理的建议。

这项工作在打样前期尤其重要。跟单员争取在样品寄出前,能够有把握让客户满意。如果样品超过三次才被确认的话,客户会对跟单员和生产企业的能力产生怀疑,进而影响订单。

4. 开发的样品只适合做小批量,不适合大货生产　有时候客户的设计师只是考虑面料的设计效果,没有完全顾及面料的工艺,使得样品过于复杂,难于实现。如针织面料的花型过于复杂,小批量的打样还可操作,如果实际大货生产就很困难。遇到这样的情况,需要跟单员提前与客户进行协商,让客户更改或者简化设计要求。如果客户坚持原设计,就需要提前告知客户,订单数量不能很大,价格也会比较高。只有经过客户确认之后,后期的工作才有意义。当然,我们需要强调一下,遇到这样的情况,跟单员要与工艺员保持密切联系,在客户下订单之前,把实际情况反映给客户,绝不能等客户下了订单后才告诉客户大货生产的难度。

5. 按客户要求开发的样品估计价格过高,客户接受不了　有经验的跟单员应该对自己客户的价格承受能力有一定的把握。尤其是在样品开发阶段,如果客户开发的样品很特殊,估计价格远远超过客户的承受能力,就需要提前通知客户,问客户是否能接受这么高的价位。要不以后的工作都是徒劳无功的,浪费双方的时间和金钱。当然,跟单员应该与生产企业的工艺员沟通好之后,给客户提供一个合理的建议,如稍微更改一下花型或颜色的数量,就会使费用明显降低。

二、报价过程中的问题及处理

1. 报价错误 跟单员在审核合同时,发现自己前面给客户的报价是错误的,如客户要求的纱线是精梳品质,而跟单员由于疏忽,报价时按照普梳面料的价格报出的;CIF 报价中没有算入海运费;报价中没有包含面料测试费等。在发现错误后,跟单员需要立即与客户沟通,说明情况,以取得客户的谅解。

需要说明的是,如果双方已经在合同上签字,即使发现报价存在错误,客户也很难同意更改,所以在报价时一定要认真核算,考虑到一切会发生的状况(如原料涨价,汇率变化等),并在报价前由跟单主管审核,审核合格后方能报价给客户。

2. 报价不合理 对于当今的国际市场,跟单员在报价的时候要避免报价太高,丧失价格竞争力,把客户吓跑。在报价之前,跟单员要充分调查整个市场,并对该客户的价格承受能力心里有数。同时,报价也不能太低,使公司没有利润。当然有的时候,为了拉客户,有些公司会采取保本报价。

3. 双方对于价格或付款条件争执不下 在双方对于价格或付款条件争执不下时,跟单员要充分与客户沟通,确认客户最高能接受的价格。然后,再与生产企业及工艺技术人员沟通,通过修改工艺,或纱线线密度、成分来降低成本,并给客户合理的降低成本的建议,有必要的话,需要客户合作修改样品设计,但原则是尽量保证样品的整体风格不变。

三、审查合同中的问题及处理

1. 订单数量达不到最低起订量 在签订合同之前,需要跟单员与客户说明生产企业针对各种产品的最低起订量问题。有很多公司,该项工作是在开发新客户的时候就要通知客户,也有的公司在每一季刚开始的时候,会寄给每一个客户本公司产品目录及最低起订量标准。最晚在签订合同之前,把该信息告知客户,并得到客户确认。

2. 合同中客户的付款条件不能接受 有些客户对合同中规定的付款条件描述不够详细,如只是简单地说预付 30%。这种情况下,如果客户没有及时支付预付款,公司就很难决定是否按合同规定的交期生产。如果开始生产,但预付款还没到,如果不生产,就难以在合同规定的交期之前完成生产。

遇到这种情况,跟单员可以与客户协商,在合同签订后一定期限(如 5 个工作日)内把预付款的银行底单传到公司,否则责任由客户承担。当然,付款底单可以作假,通常 5 个工作日内预付款就能到账,最稳妥的就是等钱到账再进行下一步工作。

另外,土耳其及中东一些客户给出的付款条件是开船后 L/C 90 天,这种付款条件风险很大,其主要有汇率风险和市场风险两个方面。美元对人民币的汇率是不断波动的,尤其近几年美元的贬值,人民币的升值,给企业带来很大损失;由于国际市场的需求不断变化,面料的市场价格也不断变化,如果客户方市场饱和,价格下降,客户就有可能不提货不付款,尤其一些国家银行的信用体系不好的情况下,因此这种付款条件潜藏着很大的市场风险。

遇到这种情况,跟单员要尽量和客户沟通,让客户接受我们的付款条件,以保证公司顺利收汇。

3. 某些信用证条款不能接受 有的客户开出的信用证包含一些软条款,使我们不能正常收汇,如要求所提交的文件中必须有第三方的质量确认证明等。在收到客户开出的信用证草稿后,跟单员要认真查看内容,如有不利于卖方的条款,则应及时通知买方,协商更改条款。

4. 订单交期太紧,工厂按当时的生产情况完不成 在生产旺季,公司或工厂在接订单的时候,一定要注意订单交期时候可行。原则上是尽量保证客户的交期,但如果确实有困难,需要提前与客户协商,推迟交期。同时,要求客户修改订单。

5. 合同中的价格与双方之前确认的价格不一致 有些客户由于疏忽

或其他原因,下订单的时候价格或付款条件与双方之前确认的不一致,这需要跟单员通知客户修改订单,并在收到修改后的订单后再安排大货生产。

第四节 总 结

本节以某生产企业接受某客户的定织坯布染色面料的订单为例,简单回顾一下其基本流程,并介绍下跟单员的基本工作。

(1)跟单员拿到客户原样后,分析其成分、组织结构、经纬纱线密度、染料类型等,把开发新样品的费用明细表给部门领导看并签字,按照公司规定向外贸公司收取相关费用或由本公司支付。

(2)填写放样指示单,把要放样的资料填写清楚,让坯布生产厂放匹样。

(3)匹样完成后,按照客户提供的颜色样和品质样染色整理。将匹样与原样对比确认后,提供给客户确认品质和手感。

(4)确认客户收到样品后,询问确认意见。样品质量确认后,跟单员需要核算面料价格,并向客户报价。

(5)经过一番讨价还价,确认价格。然后,对合同进行审查,确认合同条款后签订合同。

(6)填写坯布生产指示单,根据合同数量加上生产损耗坯布。

(7)得到客户的确认意见后安排打颜色样。按客供样(原色样)的颜色,要求工厂打小样,打小样必须有书面要求,也就是《打色通知书》,其内容包括对色光源、色牢度、染化料是否环保、打样版数、打样坯布及大小、打样坯布规格、完成时间等。

(8)把颜色小样做成色卡,并在写好日期、颜色名称、小样号码(如A、B、C)后,提供给客户确认。同时,自己应留一份做备案。

(9)坯布完成检验无误后,应根据客户确认的小样染色配方来安排生产。

第四章　订单执行期的跟单工作

本章主要内容

1. 介绍了与订单执行期的跟单工作相关的基础知识。
2. 从原料采购、生产进度、生产质量及成品包装等四个方面详细阐述了订单执行期的基本工作内容。
3. 介绍了在订单执行期用到的主要文件资料。
4. 介绍了在订单执行期的跟单工作中，可能遇到的问题及处理办法。

第一节　相关基础知识

一、生产基础知识

（一）机织面料生产流程

机织面料的织造是在织机上进行的，织机的种类很多，按经纱开口机构的特征分为踏盘织机（Cam Loom）、多臂织机（Dobby Loom）和提花织机（Jacquard Loom）；按引纬方式可以分为有梭织机（Shuttle Loom）和无梭织机（Shuttleless Loom）等。不同类型的织机，坯布的织造流程会有所不同。

1. 准备阶段　准备阶段的主要工作是将经纬纱在上机织造前卷绕成规定的卷装形式——织轴和纡子。准备阶段的工作可以分为经纱准备和纬纱准备两个方面。

（1）经纱准备：

①络筒(Winding):对于自产纱的织造企业来说,纺纱车间里加工过的纱线是小管纱的形式,纱线在交到准备车间后,需要将小管纱络成大卷装的筒子纱,再用于整经。如果织造企业需要购入纱线的话,购入的纱线通常是大卷装筒纱(或合股线),一般不需要经过络筒工序,可直接装入整经机进行整经。

②整经(Warping):将大量筒子纱(通常是数百个)装在整经机纱架上,并同时引出纱线,使所有纱线均匀而平行地排列成纱片,然后卷绕到经轴上。卷绕长度根据订单数量而有所不同,通常在万米以上。

③浆纱(Sizing):将卷绕好的经轴放入浆纱机的后部,按照整幅织物所包含的总经纱数,合并几只经轴上的经纱在浆纱机上上浆,干燥后再卷绕成一个纱轴,形成浆纱轴。上浆的目的是增加经纱的耐磨性和强力,提高织造的质量和效率。

④穿经(Drawing):将浆好的纱轴(经轴)装入穿经机,按织物组织和织造工艺要求,将经纱依次穿过经停片、综丝、钢筘齿。完成穿经后的织轴放到织机的轴架上,这样就完成了经纱的织造前的准备工作。

(2)纬纱准备:纬纱准备工作与经纱一样,根据纱线来源和织机类型选择不同的工序。

①络筒:当织造企业需要购入纱线时,如果购入的纱线要用于有梭织机,则必须进行络筒,然后卷纬;如果用于无梭织机,可直接将筒子纱供无梭引纬使用。

②卷纬(Weft Winding):用于有梭织机,需将大卷装的筒纱卷绕成纡子。

③给湿(Dampening):织造用纯棉纬纱的回潮率一般为8%~9%,而实际纬纱的回潮率仅有5%~6%,因此在织造前必须进行给湿。纬纱给湿可有效防止织造过程中产生的纬缩和脱纬疵病。

④热定型(Heat Setting):对于涤纶与棉混纺成的纬纱,必须采用热定型工序,主要是利用涤纶纤维的热可塑性来稳定捻度,便于织造。如果涤/棉混纺比为65/35时,经纱一般可不定型,纬纱必须要热定型或用其他办法来稳定捻度。

2. 织造阶段 将穿经后的织轴装入织机,纬纱准备好后可以进入织造过程。将织好的坯布卷绕在卷布轴上,达到一定长度后(通常是3匹布,每匹布约40m),将卷布辊落下,并将织好的布送入检验整理阶段。

3. 整理阶段

(1)验布(Inspection):将织好的布放于验布机上逐匹检验,发现疵点立即停车鉴定,并将检验出来的疵点在布边上做标记(色织布吊线),在布卡上做好验布记录。

(2)刷布(Brushing):将检验后的布用刷布机进行刷布,坯布经过砂辊及毛刷辊的磨刷作用,可以除去布面上的部分棉结杂质。当然,如果布面质量较好,可以不进行刷布工序。

(3)折布(Folding):将检验并刷好的布,按1m一幅、40m一匹折布,形成折装匹布,也可以联折。

(4)修补(Mending):对布面上可修复的疵点进行修补,消除疵点,以提高坯布质量。

(5)包装(Packing):将折好的布按要求的匹数或长度包装,包装好的布可以交付客户。

(二)针织面料坯布生产流程

按照编织方法的不同,针织机可以分为纬编机(Weft Knitting Machine)和经编机(Warp Knitting Machine)两大类。根据针床形状的不同,纬编机又可分成圆形纬编机和平形纬编机两类。圆形纬编机的针筒呈圆形,形成的织物大多为筒状;平形纬编机的针床为平形,主要用于生产各种成形和计件产品,如羊毛衫裤、手套等,其主要机型为横机(Flat Knitting Machine)和柯登机(全成形平形钩针机)等。经编机也分为平形经编机和圆形经编机两类,其中圆形经编机主要用于生产各种网袋、包装袋。纬编针织和经编针织生产的工艺流程并不相同,如图4-1和图4-2所示。

图4-1 纬编针织生产的工艺流程

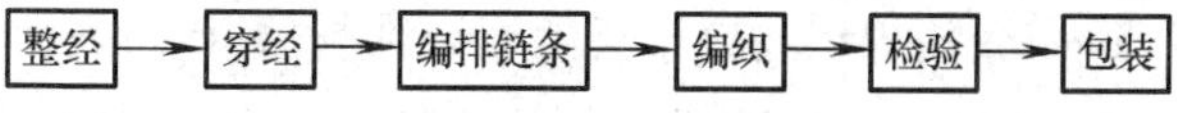

图4-2 经编针织生产的工艺流程

1. 准备阶段 针织原料的准备比机织原料的准备要简单些,不同的针织产品,准备工作也不同。对于纬编针织来说,只需要络筒,不需要整经;对于经编针织来说,则不需要络筒。

(1)络筒:进入针织厂的纱线一般是绞纱和筒子纱,绞纱一般是经过染色的各类色纱,不适合针织生产,需要先将其络成筒子纱。有些筒子纱并不十分符合要求,需要重新络筒。

(2)整经:对于经编针织产品,通常需要将原料进行整经。整经是按照工艺设计和计算,将筒子纱整齐地卷绕在经轴上,以供经编机使用的过程。对于色织产品,如果进厂纱线为白纱时,还需经染色后再上机编织。

(3)穿经:根据经编组织图制作出垫纱运动图,然后根据垫纱运动图将经纱穿过梳栉。

(4)编排链条:根据垫纱运动经过各梳的数字记录进行链条的编排。

2. 编织阶段 根据不同类型的花色组织选择不同类型的针织机器,在针织机上按照织物组织结构进行织针排列,然后进行编织。

3. 整理阶段 将生产好的针织坯布落布,并由验布员进行检验。检验合格的布匹按照要求进行包装。

(三)面料染色

织物在织造厂或织造车间织成坯布后,需送至印染厂或印染车间进行染整加工。染整是从坯布(或半成品)开始直到成品的加工工艺过程,一般包括前处理、染色印花、后整理及特种整理等工序。不同的产品,其染整加工工艺也有较大差异。一般来说,染整加工工艺路线要受到原料(纤维)种类和规格、织造工艺(张力、缩率和纱线捻度等)和织物组织结构以及最终产品用途和风格等几个方面的影响。在这里简单介绍棉织物、涤纶织物的染整工艺流程。

1. 棉织物

(1)前处理阶段:

①烧毛(Singeing):棉织物属于天然短纤维制品,坯布表面存在大量短纤维形成的毛羽。若不去除这些毛羽,将会影响练漂效率,甚至会影响印染加工质量,形成不该有的疵点。所以,坯布需在练漂前先进行烧毛处理。

棉织物的烧毛处理是在烧毛机上完成的，最常用的烧毛机是气体烧毛机。全棉织物、全粘胶纤维织物及与棉混纺的短纤织物，在加工时都可以考虑通过烧毛提高生产效率，提高染色质量。通常情况下，机织棉坯布都需要进行烧毛处理，而针织棉织物较少进行烧毛处理。

②退浆（Desizing）：机织物在织造时，需要进行上浆处理，以增强经纱强力和耐磨性。织物退浆是为了去除纱线上的这些浆料及其他表面杂质，因为，浆料的存在会影响织物对染料的吸收而造成印染疵点。棉织物退浆的方法很多，其中酶退浆、碱退浆效果较好，所以应用较多。

③煮练（Scouring）：织物经过退浆以后，已经去除了大部分浆料和部分天然杂质以及织造中产生的油剂，但棉纤维中的蜡状物质、果胶物质、含氮物质及部分油剂和少量浆料等仍残留在织物上，同样会影响印染加工的质量。只有去除这些杂质，才能提高织物的吸水性，提高其对染料的吸附能力，达到良好印染的效果。所以，在退浆以后，还要经过煮练。

织物煮练设备（Equipment for Scouring）按布匹加工的形式有绳状（Rope Form）与平幅（Open Width）两种，其中每种设备又有间歇式（Discontinuous）和连续式（Continuous）两种形式。目前，棉布煮练设备主要有煮布缸（间歇式）和连续汽蒸（包括绳状汽蒸煮练以及常压和高温高压）设备。煮布缸方式需要较长时间，但由于成本较低，所以仍然应用较广。

④漂白（Bleaching）：棉织物经过退浆和煮练后，绝大部分的杂质已被去除，吸水性能也有了很大程度的提高，但外观不够洁白，直接用于印染加工会影响色泽的鲜艳度。漂白的目的就是为了提高白度，提高棉织物染色的鲜艳度，但要保证纤维不受到明显的损伤。

常见的棉织物漂白方法有氧漂和氯漂。在考虑漂白效果的同时，也要考虑助剂对环境、操作者、设备的影响。白度测定是检验漂白效果的主要手段。

漂白工序有时也可以根据客户的需要来定，如果客户要的面料是漂白布（Bleached Fabric），那肯定需要此工序。如果客户需要半漂布，即PFD（Prepare for Dyeing），然后再进行染色，则不需要此工序。

⑤丝光（Mercerizing）：经过煮练和漂白的棉织物在浓碱溶液和一定的

经向张力作用下,织物溶胀后表面会产生像丝绸一样的光泽,这样的加工过程称为丝光。棉织物经丝光处理后,尺寸稳定性和弹性都有提高,光泽、手感好,而且染料的吸附性能也有所提高。因而,绝大多数棉织物在染色前都要经过丝光处理。

(2)染色(Dyeing):棉织物的染色根据使用的染色设备可以分为长车轧染、平幅卷染、常温绳状浸染和常温冷轧堆染等方式。每一种染色方式都包括染色和后处理。后处理的工艺流程和工艺条件与选用的染料有关。

①长车轧染(Pad Dyeing):这种染色方式是最常见的纯棉织物或涤棉混纺织物的染色加工方法,染色牢度好,颜色准确性高,织物表面光洁,而且,生产效率高,多用于大批量机织物的染色加工。

②平幅卷染(Open Width Jig Dyeing):利用卷染机可以对棉织物进行平幅卷染,这种方式常用于多品种、小批量织物的染色。其主要特点是浴比低、颜色准、批量小、省能源。

③绳状浸染(Rope Impregnating):利用绳状染色机进行染色,其染色效果均匀、产品手感柔软、颜色控制方便。此方法除了用于棉织物外,还多用于毛、丝、粘胶纤维织物的染色。

④堆染(Pad - batch Dyeing):堆染是冷轧堆染色的简称,是纤维素纤维制品浅色染色的常见方式。织物先经平幅浸轧染色,后经平幅打卷和外部密封并连续旋转较长时间后,完成织物染色过程。这种染色方式适合于加工浅色产品。

2. 合成纤维织物 合成纤维织物的染整加工工艺比较多,而且不同类型织物的加工工艺不同,如纯纺与混纺织物、纯纺与交织织物都有所不同。

(1)前处理阶段:涤纶等合成纤维不含天然杂质,所以前处理相对简单,一般包括退浆精练、松弛、减量、预定形等几步。

①退浆精练:合成纤维本身不含杂质,只是在合成过程中存在少量(约3%以下)的低聚物。退浆精练的主要目的是除去纤维制造时加入的油剂和织造时加入的浆料、着色染料及运输和储存过程中沾污的油迹和尘埃,所以退浆精练任务轻、条件温和、工艺简单。针织面料的纱线,有些在织造

过程中并不需要上浆，但由于在织造过程中可能沾上油污等杂质，因此合成纤维针织物仍需进行一定程度的练漂。

②松弛（Relaxation）：松弛处理是织物处于无张力状态下，经湿热、干热作用，使纤维间产生收缩，消除坯布组织点上和纤维本身的应力及弹力纱的卷缩，从而提高织物的尺寸稳定性、回弹性、平滑性、蓬松性及柔软性，使织物手感丰满，提高产品服用性能。同时，还可防止染色过程中的折皱和染斑，便于起毛和磨毛加工的进行。合成纤维针织物一般都要在染色前进行松弛处理。

一般松弛处理的收缩率控制在5% ~15%。松弛处理的方式有湿热松弛、干热松弛以及湿热与干热松弛相结合。究竟采用何种方式，应根据织物品种和风格要求而定。弹力纱针织物的松弛回缩处理基本包括热水处理及机械处理两道工序。

③减量（Decrement）：即碱减量整理，是指使用氢氧化钠（烧碱）溶液来处理合成纤维织物，使之重量减轻的仿真丝绸整理。在处理过程中，合成纤维的表面因纤维分子酯键水解而发生溶蚀，其结果导致织物中纤维及纱线间空隙增大，织物重量减轻，从而获得良好的透气性、形变恢复性、柔软性和悬垂性以及酷似真丝绸的外观效果。直接在染缸内对织物减量称为一次减量，经过预缩和预定形之后再减量称为二次减量。一次减量又可以分为轻减量和重减量。轻减量是指加入液碱占织物质量的10%以下，重减量是指加入液碱占织物质量的15%以上。

④预定形（Pre - Setting）：由于合成纤维是热塑性纤维，所以当织物进行湿热加工时，会发生收缩变形或产生皱痕。为了提高织物的尺寸稳定性，防止并消除皱痕，印染厂在加工合成纤维及其混纺织物时，都必须经过热定形处理。另外，热定形还能使织物的强力、手感和表面平整等性能得到一定的提高。

热定形工艺根据是否用水，可分为湿热定形和干热定形。合成纤维及其混纺织物常采用干热定形工艺；而锦纶及其混纺织物常采用湿热定形工艺。

（2）染色（Dyeing）：合成纤维织物大多采用高温高压法染色，使用机械如高温高压溢流染色机和高温高压喷射染色机。染色过程主要包括出水、染色和后处理三个阶段。

①出水(Rinsing):无论是精练还是减量,织物表面都残留有杂质,这些杂质会严重影响染色中染料正常上染纤维。使用分散染料染合成纤维时,要求染液 pH 值为 4 ~6。为保证染料色光准确,需要去除织物表面残留的碱,这就需要水洗,对织物的水洗过程也叫出水。出水既可以在染色之前进行,也可以在染色之后进行。

②染色:染色是按照染色工艺使染料上染织物的过程,是在染色机内完成的。染色工艺主要包括升温速度、染色起始温度、打料温度、保温时间、降温速度和水洗温度及时间。染色时,织物质量与染液质量的比值就是浴比。保持浴比的相对稳定对于织物染色十分重要。在染色过程中,加入的染料量都是按织物质量的相对百分比计算的。所有染料质量与织物质量的百分比,就是该织物的染色深度。

③后处理(After Treatment):分散染料染合成纤维的后处理主要是还原清洗。弹力织物(如氨纶)的清洗需要专用的洗涤剂。混纺织物间歇式绳状染色一般先染涤纶后染其他纤维。其他纤维的后处理按照染色工艺要求执行即可。如直接染料和分散染料的固色、硫化染料和还原染料的氧化、活性染料的固色或皂洗、酸性染料的固色、阳离子染料的染后水洗等,都属于染色以后的后处理。

(四)后整理

后整理(Finishing)的目的是通过一系列物理化学的加工改进织物外观与内在质量,改善手感,稳定形态,提高服用性能或赋予织物某些特殊功能,如防缩、防皱、阻燃、抗静电、防霉防菌、防油污等。

1. 棉织物 树脂整理(Resin Treat Finish)和预缩整理(Sanforizing)是最常见的棉织物整理方式。棉织物的树脂整理需要在定形机上完成,预缩整理在橡毯预缩机或其他类型的预缩机上完成。棉织物的树脂整理可以较好地提高产品的抗皱性。棉织物的染后预缩可以最大限度地减少产品经向缩水率,从而改善织物手感。磨毛、轧花和烂花等加工方式也属于比较特殊的棉织物整理方式,这些整理方式可以不同程度地改变棉织物的基本性能。

2. 涤纶织物 涤纶织物的整理包括常规整理、舒适性整理及其他特殊整理。

(1)常规整理:包括后定形(After boarding)、柔软整理(Softening)、抗静电整理(Antistatic Finish)等。后定形主要是消除前道工序产生的折皱,防止涤纶起毛起球,获得平挺、富有弹性的手感及稳定的形态。柔软整理可以改善织物手感,常使用松式呢毯整理、汽蒸预缩等处理,或者加入柔软剂。常用的抗静电整理方法是在织物上添加抗静电剂,属暂时性抗静电整理。耐久性抗静电整理主要是在纤维上形成含有离子型或吸湿基团的网状交联聚合物。

(2)舒适性整理:包括亲水整理、拒水拒油整理(Water and Oil – repellent Finish)和易去污整理(Soil Release Finish)等。由于涤纶吸湿性、放湿性均差,涤纶织物对水的吸收和渗透都很困难,从而大大降低了穿着的舒适性,所以在后整理中主要采用亲水整理剂。

(3)阻燃整理:涤纶阻燃整理(Flame Retardant Finish)主要在于改变涤纶的热性能,用适当的阻燃剂阻止涤纶裂解物的燃烧。虽然在纺织纤维中,涤纶较难燃烧,其极限氧指数为22,但其还没有阻燃性,需进行阻燃整理。涤纶阻燃方法主要有在涤纶制造时,添加阻燃物,以生成阻燃涤纶;涤纶用阻燃剂进行化学处理,以获得阻燃性能。

(五)面料疵点检验与处理

成品面料的生产需要经过很多加工工序,任何工序的操作不当都可能导致成品面料表面出现疵点。另外,原料的品质不良也可能导致成品面料的疵点。疵点是成品面料外观质量检验的主要项目,直接影响到产品能否交货。作为面料的跟单人员,如果能够了解各种疵点的名称及其外观形态,会给工作带来很大帮助。

1. 机织面料的疵点 织物疵点严重影响织物的质量,了解和掌握疵点的成因和解决办法,对提高产品质量和生产管理水平有着重要的作用。织物疵点根据成因可以分为很多种,不同的企业对面料疵点的描述可能会有所不同,而且国外客户对疵点的描述与国内也会不太一样。下面按疵点的成因列出了一些常见的疵点及其描述,其中,部分英文名称为美国ASTM标准中的疵点名称。

(1)由纱疵形成的面料疵点:由于原料的品质不良而形成的面料疵点,见表4-1。

表4-1 纱疵形成的面料疵点

疵点名称	疵 点 描 述
竹节纱(Bunchy Yarn)	在织物表面出现某一根纱线的某一段比相邻的纱线明显粗,称为粗节。而连续的粗节称为竹节
扭结纱(Cockled Yarn)	织物上的纱线有扭结或卷曲的外观
亮丝(Light Yarn)	织物上某一根纱线的光泽明显亮于其他纱线的正常光泽
结头(Knot)	织物表面呈现较多的纱线结头
污渍纱(Soiled Yarn)	织物上的纱线带有油污等其他污渍
杂物织入(Foreign Matter)	有回丝、异色纤维等杂物织入面料

(2)经向疵点(Warpwise Defects):加工经纱形成的疵点或在织造中产生的经向疵点,见表4-2。

表4-2 经向疵点

疵点名称	疵 点 描 述
粗经(Coarse End)	织物上的某根经纱粗于其他经纱,会沿经向在织物表面形成凸起的条纹
细经(Find End)	织物上的某根经纱细于其他经纱
紧经(Tight End)	某根经纱的捻度大于其他经纱,同样会沿经向在织物表面形成凸起的条纹
松经(Slack End)	布面上的某根经纱呈松弛或起皱的外观
缺经(Dropped End)	由于织造时断经而未及时处理,在织物表面上形成较长的直条痕迹
断疵(Broken End)	经纱的断头纱尾在织物内形成的疵点
经缩(Buckling)	由于经纱张力不匀等原因,使布面呈现块状或条状的起伏或起皱外观
双经(Double End)	两根经纱并列或重叠,沿布面经向形成直条纹
扣痕(Reed Mark)	在织物的幅宽方向呈现局部或全部经纱排列不匀的纹路
扣路(Misreed)	织物的相邻两根经纱之间有空隙
错经(Mixed End)	组织错误或其他错误,使织物部分经纱与相邻的经纱明显不同

(3)纬向疵点(Weftwise Defects):加工纬纱形成的疵点或在织造加工中形成的纬向疵点,见表4-3。

表4-3 纬向疵点

疵点名称	疵 点 描 述
弓弧(Bow)	纬纱以弧线方式位于织物的宽度方向上
稀密路(Thick and Thin Places)	某一段纬纱密度过大,或某一段纬纱密度过小,造成布面纹路不均匀
粗纬(Coarse Pick)	织物上的某根纬纱明显粗于其他正常纬纱
细纬(Find Pick)	织物上的某根纬纱明显细于其他正常纬纱
松纬(Slack Pick)	某根纬纱的张力低于相邻纬纱,呈松弛或起皱的外观
紧纬(Tight Pick)	某根纬纱的张力高于相邻纬纱,使其不正常被拉紧
断纬(Broken pick)	由于纬纱断裂,而导致在织物的部分宽度上缺少纬纱
纬缩(Kinky Pick)	纬纱在布面扭结或形成线圈
双纬(Double Pick)	两根纬纱并列或重叠,在织物表面形成横向条纹
缺纬(Dropped Pick)	由于断纬未及时处理,使织物纬向缺少一根纬纱
错纬(Mixed Filling)	组织错误或其他错误,使织物部分纬纱与相邻的纬纱明显不同
拆痕(Unweaving Mark)	在织造时拆去织物上的原来纬纱重织时留下的痕迹
云织(Uneven Weaving)	织物表面横向呈现短片段纬纱稀密不匀,云斑状
百脚(Mispick)	由于织物组织结构破坏而在布面上产生锯齿状或线条状的纹路。常见于斜纹组织和缎纹组织

(4)边部疵点(Selvage Defects):在布边或者距布边一定距离内的疵点,见表4-4。

表4-4 边部疵点

疵点名称	疵 点 描 述
松边(Slack selvage)	布边在长度方向上比布身松弛,边部呈现波浪形
紧边(Tight selvage)	布边在长度方向上比布身紧缩,布边内凹
豁边(Torn selvage)	布边上相邻三根或三根以上的经纱断裂,使布边豁开

续表

疵点名称	疵点描述
烂边(Broken selvage)	布边上多根纱线断裂,造成布边凹凸不平整或者裂开
荷叶边(Wavy selvage)	布边边缘呈波浪状
卷边(Curled selvage)	织物的边部卷起呈绳状
边撑疵(Temple Mark)	边撑部位的纱线被擦伤起毛或断裂,或形成孔洞
毛圈边(beaded selvage)	织物的纬纱呈圈状并在布边外

(5)染色疵点(Dyeing Defects):在染色过程中产生的疵点,见表4-5。

表4-5 染色疵点

疵点名称	疵点描述
色档(Bar)	染色织物纬向呈现不应有的颜色条痕
换纡纬档疵(Loom Bar)	由于更换纬纱以前在织机梭子上存在着张力积累而形成的颜色条痕
折皱色条(Crease Streak)	染整时织物有折叠,结果在折叠处产生了颜色不匀的经向条痕
染料迹(Dye Mark)	由于染料过浓或助剂的作用,使匹染织物的局部颜色呈现与临近部位有差异的分散色块痕迹
色花(Dye Streak)	染色织物吸色不匀,表面呈现不规则的色泽和深浅不匀
斑疵(Mottled)	织物上各种污渍斑点的总称,如油、脏、色、锈、水、虫浆
条花(Streak)	染色织物上呈现稀密不匀或深浅色泽条痕
色差(Chromatic Difference)	染色织物不同部位或各匹之间色泽有差异。按同一匹布的不同部位,又可以分为前后色差、布边色差和左右中色差
经向条痕(Mixed Yarn)	由于织入了一根或多根其他性质的纤维或纱线,吸色不同,染色织物表面出现单根或多根经纱异色、错色
雨状条影(Rain-like Streak)	由于经纱的条干不匀,染色后经向呈现雨丝状条痕

(6)印花疵点(Printing Defects):在印花过程中产生的疵点,见表4-6。

表 4-6　印花疵点

疵点名称	疵　点　描　述
脱浆(Color Out)	印花织物上部分花纹缺色
拖浆(Color Smear)	色浆沾在印花织物的花型以外部分
刮刀条花(Doctor Mark)	印花织物表面有多余色浆或覆盖物,形成经向线状色痕
色档(Bar)	织物上有深浅不一的色档
对花不准(Misregister)	印花织物上的花纹相对位置彼此不准确
渗化(色晕)[Flushing(Colour Halo)]	前后套色浆不准确的相接,或相邻两种颜色在分界处渗化,致使印花织物部分图案模糊,或呈现第三种颜色
未上色折皱(Undyed Crease)	印花织物呈现未上色的狭长条
衬布印(Blanket Seam)	印花织物上呈现有缝头印的横条色痕

(7)整理疵点(Repaired Defects):在整理过程中产生的疵点,见表 4-7。

表 4-7　整理疵点

疵点名称	疵　点　描　述
毛毯痕(Blanket Mark)	织物上呈现毛毯组织的纹路或其他压痕
失光(Chalkiness)	面料失去了应有的光泽
擦伤痕(Chafe/Abrasion Mark)	在染整加工中,织物受挤压擦伤而留下的痕迹
起毛(Fuzz)	在整理过程中织物受到摩擦,表面起毛
压痕(Pressure Mark)	由于整理过程中的压力不匀,织物的某一部位比其他正常部位较亮或较薄
绳状擦伤痕(Rope Mark)	由于绳状处理不当,织物上呈现纵向长条痕迹
分条痕(Warp Bands)	织物呈现规律性间隔的经向条痕
针孔(Pinhole)	靠近布边处有针孔
深针痕(Deep Pinning)	针痕的位置进入布身,减少了有效幅宽
布铗痕(Clip Mark)	在靠近布边处有擦伤发亮、异色的痕迹
鸡爪印(Crows' foot)	织物表面有不同程度似鸡爪状的皱纹
纬斜(Bias)	纬纱倾斜或弯曲

(8)一般性疵点(General Defects):在各种加工的织物中都可能出现的疵点,见表4-8。

表4-8　一般性疵点

疵点名称	疵　点　描　述
跳纱或跳花(Floats)	经纬纱不按组织规律交织,呈现出不规则的浮纱。1~2根经(纬)纱跳过5根及以上纬(经)纱,称为跳纱。经纬各3根形成浮纱,称为跳花
蛛网(Mat-up)	经纬纱各3根及以上不按组织规律交织而成块状
星跳(Stitch)	1根经(纬)纱不按组织的规律,跳过2~4根纬(经)纱,交织成星点状
纬移(Weft Shift)	纬纱受外力作用而出现不规则的偏移
勾丝(Hang Thread)	纱线或纤维被异物勾出,呈圈状或头端暴露于织物的表面
轧梭痕(Shuttle Mark)	梭子轧在扣与织口之间,织物组织遭到破坏而产生的痕迹
起球(Fuzz Balls)	纤维端突出在织物的表面纠缠成球状
异纤维织入(Foreign Fiber)	不同性质的纤维在纺纱或织造时混入,染色后会在织物上形成异色
破洞(Clip mark)	经纬纱断裂形成的孔洞
污迹(Stains)	织物沾有油污等
起绒不匀(Uneven Napping)	起绒织物某些部位起绒过度,或某些部位起绒不足,致使绒面不匀整
倒绒(Pressed Pile)	起绒织物局部的绒毛倒斜
绒不齐(Vneren Raising)	起绒织物绒面上有长绒毛突出,长短不一致
毛刀(Rough Cutter)	割绒时刀刃不锋利,绒面上部分绒毛斜乱松散
皱档(Crease Bar)	由于织物的纬向起皱,拉绒时未拉到,形成不起绒的横档
局部纬密不匀(Finger Mark)	织物某些部位的纬密或大或小,致使出现不规则的横档
死折痕(Finishing Bar)	不能除去的整理折痕
浆斑(Hard Size)	过量的浆料在织物表面形成的斑点或硬片
色纱穿错(Color Misdraw)	对机织物而言,这种情况是指用织机通丝来描绘的色纱与彩色图案和(或)织纹设计相反;对经纱针织织物而言,这种情况是指用导杆来描绘的色纱与花纹设计相反
织补痕(Pick-out)	疵点经过织补后,留下明显的痕迹

2. 针织面料的疵点

(1)由原料形成的疵点:由于原料的品质不良而形成的面料疵点,见表4-9。

表4-9 原料形成的疵点

疵点名称	疵 点 描 述
棉结杂质(Residual Seed)	由于纱线质量不好,使织物表面有细小的纤维点和粒状黑点。织物表面粗糙,不光滑,在织物反面尤为明显
布面发毛(Rough)	由于纱线质量较差,使织物表面毛绒感太强,不光滑
粗细纱(Yarn Evenness)	由于纱线条干不均匀,在布面上形成较长的横向纱痕。粗纱呈阴暗条痕,细纱呈明亮条痕,长度在10cm以上。严重时,在织物上形成有规律的连续横条痕
粗细节(Twit)	同粗细纱的外观,但其长度较短,一般在0.5~10cm

(2)加工形成的疵点(Knitting Defects):由纱线加工或织物加工过程中形成的面料疵点,见表4-10。

表4-10 加工形成的疵点

疵点名称	疵 点 描 述
鸟眼花纹疵(Birdseye Defect)	针织面料表面偶尔无规律出现的、与织物设计相反的集圈组织
弓弧(Bow)	线圈横列以弧线方式位于织物的宽度方向上
飞花(Fly)	由于生产环境不清洁等原因,造成织物表面形成凸起的结点,长度通常在1cm左右
接头结节(Knot)	织物表面形成凸起的结点或纱线扭结
云斑(Cloudiness)	织物透光效果不同。在透光条件下易观察,织物透光明暗不匀,形成类似云斑的效果
阴影(Shaded)	由于织物密度不均匀,造成织物反光效果不均匀,织物表面有明显的明暗反光效果,呈条纹或斑纹块状
折痕(Crease)	沿织物的纵向(直向)有线状的凸起痕迹和皱折痕迹,短的有几十厘米,长的有时整匹布都有

续表

疵点名称	疵 点 描 述
破洞(Hole)	织物表面形成5mm左右的洞孔,有时破洞的边缘有飞毛或粗节纱
漏针(Missing Needle)	沿织物纵向形成明显的线圈脱散痕迹,有小漏针和长漏针之分。小漏针通常较小,大约在0.5~1cm;长漏针较长,有时可长达几十厘米到几米
花针(Miss Tuck)	花针俗称"三角眼",织物线圈呈集圈状态,线圈形态呈很细小的三角形,通常在布面呈散布状
坏针(Needle Streak)	沿织物纵向形成线圈挂断的痕迹。若织针针钩损坏,形成如同长漏针状的痕迹
断纱(Smash)	单面平纹织物因断纱而形成织物脱套,布面形成较大的孔洞。单根纱编织一个横列的双面织物组织(如罗纹组织),也会形成大孔洞。变化单面或双面组织,通常不会形成脱套孔洞,但在织物横向形成线圈脱散的横条痕
断丝(Stubble)	主要表现在弹性添纱织物(如拉架平纹、拉架罗纹),织物表面局部几个线圈凸起或凹陷,形成小断丝,如果断丝较长,将在织物表面形成横向较长的凸起或凹陷条痕,形成长断丝。将织物拉伸透光观察时,断丝处透光较多,显得明亮
跳纱(Float)	线纱未能垫到织针上,而形成意外的浮线。织物表面有局部的浮线,经常出现在抽针较多的纵条纹织物或提花织物上面
停机痕(Machine Stop)	布面上形成横向条痕,类似于粗纱痕,横贯织物整个布面,与织物纵向垂直
色点(Colour Spots)	有色纤维附着在织物中,形成色点
污纱污渍(Soiled Yarn)	织物上有明显的污纱、污渍痕迹。污纱是横向条纹状,污渍呈斑块状
稀密路(Thick and Thin Places)	俗称针路或叶路。在织物上沿纵行方向形成稀松或紧密的纵行线圈,呈纵条纹状。此类疵点经常出现,而且分布较广,造成布面不均匀,严重时稀密纵条纹分布在整个布面上,使织物外观很难看,甚至不能使用
织物起皱(Wrinkle)	织物表面不平整,有凸起或凹陷现象。通常毛衫类织物发生此现象较多

续表

疵点名称	疵　点　描　述
露底(Grinning of Ground)	织物的地组织(或地纱)显露出来,使织物外观不美观。常见于添纱组织、衬垫组织(如卫衣布类)、毛圈组织和提花组织的织物
错花(Out Of Register)	常见于提花织物。编织的花型不符合设计的花型,有局部错位现象,使花型不完整形成错花
长丝断裂(Broken Filaments)	常见于化纤长丝编织的织物,织物表面有长丝分叉、断裂形成的绒毛,造成织物表面不平整或织物出现断丝状疵点
坯布起横(Traverse)	坯织物外观反光效光不同,出现横向有规律的条带状阴影(俗称起暗横),布面形成隐约的横向条纹

(3)染色和印花疵点:染色和印花疵点与机织面料的一样,可以参考机织面料。

二、进出口纺织品检验基础知识

(一)进出口商品检验概念

进出口商品检验是指在国际贸易活动中,由商品检验机构对进出口商品的品质、数量、重量、包装和有关安全、卫生、环保指标等进行检验和鉴定,以确定其是否符合相关技术标准或合同规定的要求,简称商检工作。进出口商品检验按其性质不同可以分为法定检验和委托检验。

法定检验是指出入境检验检疫机构对列入目录的进出口商品以及法律、行政法规规定须经出入境检验检疫机构检验的其他进出口商品实施的强制性检验,其目的是为了保护人类的健康和安全,保护动物或植物的生命和健康,保护环境,防止欺诈行为,维护国家安全。法定检验属行政性质,是强制执行的。

委托检验是指经国家质检总局和有关主管部门批准许可的、第三方独立的公证检验鉴定机构,根据对外贸易关系人或者国内外检验机构及其他有关单位的委托,对进出口商品的品质、数量、重量、包装、装运技术条件、残损、价值等进行的检验鉴定,其目的是为贸易各方提供中间证明。委托检验属民事性质,一般根据客户要求执行。

国际贸易活动中的商品种类繁多,一般涉及动物产品、植物产品、食品、纺织轻工产品、机械电器、化工建材、矿物产品、医疗卫生产品等。其中,以纺织品为检验对象的商检工作称为进出口纺织品检验,简称为纺织品商检。

(二)纺织品检验的机构

我国境内的检验机构主要有国家官方检验机构、私营或半官方的检验机构和国外著名跨国公司设立的检验机构三种类型。生产商可以根据客户的要求到指定的检验机构进行产品检验,如果客户没有指定,则可以根据自己的具体情况选择检验机构。下面介绍一下从事纺织品委托检验的主要检验机构。

1. 中国检验认证(集团)有限公司 中国检验认证(集团)有限公司[China Certification & Inspection (Group) Co. Ltd.]简称为CCIC,是经国务院批准成立、国家质量监督检验检疫总局和国家认证认可监督管理委员会认可,在国家工商总局登记注册,迄今为止,唯一一家以“中国”为字头的以“检验、鉴定、认证、测试”为主业的跨国检验认证机构。目前,CCIC在国内设有40家一级子公司、117家二级子公司和办事处及5家合资公司,国外设有25家公司和代表处,运营网络遍布全球重要港口、城市及货物集散地,为全球数千家企业提供检验和认证服务,并与全球许多国家和地区的检验认证机构(如美国安全检测试验所、加拿大标准协会、天祥检验集团等)建立了良好的合作关系。

2. 国际羊毛局 国际羊毛局(International Wool Secretariat)简称为IWS,成立于1937年,成员国包括世界主要产羊毛的国家澳大利亚、新西兰及南半球的一些国家。IWS总部设在英国伦敦,其产品开发和市场服务中心设在英国的依其利,在世界上34个最重要的羊毛消费市场都设有分支机构,组成了一个国际性的服务网。

IWS是一个非营利性机构,其宗旨是为各成员国的养羊人士建立羊毛制品在全球的长期需求,主要任务是研究提高羊毛制品质量和技术,扩大羊毛制品消费量,提高羊毛相对其他纤维的竞争地位,协助有关工厂进行技术和销售服务。为此,从1964年开始,IWS先后颁布了纯羊毛标志(WoolMark)、高比例羊毛混纺标志(WoolMark Blend)、低比例羊毛混纺标志(WoolBlend)等多个被世界公认的羊毛标志及其申请、使用规则,制订了羊毛制品的产品质量标准。IWS 为了维护羊毛标志的声誉,对已使用羊毛标志的产品,经常进行抽查。若发现产品质量下降,又未在规定限期内达到标准要求,则取消该产品羊毛标志的使用权。IWS 已成为羊毛制品的国际最高权威认证机构,属国际标准化组织认可的国际组织之一。

IWS 在香港设立了中国办事处,1982 年与 CCIC 签订协议,委托 CCIC 代理为中国的服装检验中心。

3. 天祥检验集团 天祥检验集团(Intertek Testing Services)简称为 ITS,前身为伦敦英之杰检验服务集团,成立于 1896 年,总部设在伦敦。ITS 是目前全球规模最大的消费品质量检验、测试和认证机构之一,在全球拥有 540 家分支机构、284 个实验室,服务网络遍布 100 多个国家。

ITS 的业务几乎涉及所有行业,包括纺织、玩具、电子、建筑、医药、石油、食品和货物运输等,可以为产品、货物和体系提供包括测试、检验、认证在内的一系列服务。ITS 的网络遍布全球 110 多个国家,员工人数超过 23 000人。

作为独立的第三方检验鉴定机构,ITS 拥有众多国际著名机构授予的评审资格,通过其评审,客户可以获得这些机构的认证证书,如 CNAL(中国实验室国家认可委员会)、JP—MA(美国婴幼儿产品制造商协会)、IWS(国际羊毛局)、RVA(荷兰认可理事会)和 UKAS(英国认可服务组织)等。这些证书是企业产品进入各国市场的敲门砖。

ITS 是第一批进入中国的国际商业检验机构,自 1989 年以来,已在我国建立了 20 多个分支机构及国际水平的实验室,以全球统一标准,为客户提供优质、全面的本地化服务,成为备受客户信赖的合作伙伴。

4. 瑞士通用公证行 瑞士通用公证行(Société Générale de Surveillance SA)简称为 SGS,是目前世界上最大的专门从事国际商品检验、测试和认证的集团公司之一,是一个在国际贸易中有影响的民间独立检验机构。SGS 创建于 1878 年,其总部设在日内瓦。SGS 在世界各地设有 251 家分支机构、256 个专业实验室,拥有 27 000 名专业技术人员,在 142 个国家开展产品质检、监控和保证活动。

SGS 是一个综合性的检验机构,可进行各种物理、化学和冶金分析,包括进行破坏性和非破坏性试验，向委托人提供一套完整的质量检验及其相关的技术服务，提供装运前的检验服务，提供各种与国际贸易有关的诸如商品技术、运输、仓储等方面的服务，监督跟购销、贸易、原材料、工业设备、消费品迁移有关联的全部或任何一部分的商业贸易操作过程。

SGS 已在我国北京、天津、青岛、大连、南京、上海、宁波、厦门、广州、深圳等地设立了办事处或实验室，与我国国家技术监督局合资开办"通标标准技术服务有限公司"，主要办理 CISS(Comprehensive Import Supervision Scheme)业务。

5. 中国纺织工业协会检测中心 中国纺织工业协会检测中心是我国纺织领域中第三方权威的与国际接轨的商业化检验机构，拥有世界一流的检测设备和检测技术，拥有经验丰富、熟悉国际标准、优秀、高素质的实验室管理人员和专业检测技术队伍，获得中国合格评定国家认可委 CNAS 的认可和 CMA 国家计量认证；是与美国化学家和染料协会(AATCC)、英国 SDLATLAS 机构的战略合作伙伴；是奥地利兰精公司在中国唯一认可的对其产品检测的指定实验室；检测范围涵盖纺织品全部检测项目，并满足国内外客户的需求；为企业和国内外客户提供高品质的、快速的、准确的检测和相关的技术服务，是目前国内最先进的检测机构之一。

第二节 跟单工作的基本内容

订单执行期的流程在第一章中已有阐述，下面结合跟单员所要了解或实际操作的内容，列出跟单员跟单工作的主要业务内容，如图 4-3 所示。

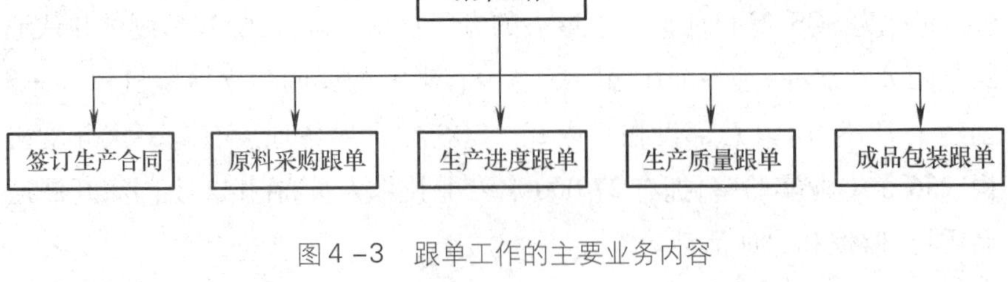

图 4-3 跟单工作的主要业务内容

由于成品面料的生产流程较长、工序较多，通常会将面料的生产流程分为织造生产和印染生产两个部分。很多有一定规模的生产企业都同时拥有织造和印染生产能力，在这样的企业里，生产跟单员一般会同时负责两部分的生产跟单任务；而有些生产企业以织造为主，有些生产企业是印染企业，所以在这些企业里，生产跟单员就会只负责本企业内的生产跟单任务。

一、签订生产合同

外贸公司在和国外客户签订正式合同得到订单后，需要立即与生产企业签订生产合同，使订单尽快得到执行。生产合同对于生产企业来说，同样是订单，在这里只称为生产合同，以与外贸公司所接到的国外订单相区别。

生产企业在签订生产合同之前，也要进行订单评审，在确认己方能够生产的情况下，才可以签订生产合同。生产合同可以有正式文本合同和非正式文本合同两种类型。

（一）正式文本合同

正式文本合同是为了保证贸易双方的利益不受损害，而对贸易双方的义务和责任作出明确规定的、具有法律效力的文本。正式的面料文本合同一般包含正文内容和附件两个部分。正文内容主要包括交易产品（面料）的名称、品种、规格、数量、单价、金额、交货时间、交货地点、结算方式、运输方式、保险、违约责任、交易双方代表签字确认等内容；附件一般是客户的技术资料，主要包括客供颜色样品、颜色名称、色号、颜色数量、印花图案、质量要求、检验标准等。这些技术资料是生产企业生产加工、质量控制的依据，同时也是客户验收产品的标准。

每个企业的文本合同格式可能并不相同，一般会参照国家统一通用合同文本格式，或者贸易双方根据实际情况自行拟定格式。通常合同文本必须是原件，至少一式两份，甲乙双方各保存一份作为合同执行的依据。但有时对于长期合作的老客户，也可以通过传真或其他方式将合同文本传送给对方，并以此作为确认交易的凭证和依据，以便生产加工尽快实施。

根据生产企业与客户之间的交易方式，文本合同也有所不同。目前，常见的交易方式有经销方式、双经销方式和加工方式三种。经销方式是指由生产企业负责原料采购和产品生产、客户收购成品的贸易方式；双经销方式是指生产企业从客户处购买原料，经过产品生产后，将成品再卖给客户的贸易方式；加工方式即客户提供原料，生产企业只负责加工的贸易方式。不同贸易方式下的文本合同有所不同，主要体现在价格条款和结算方式等方面。经销方式的合同见样张 4－1，后面的跟单流程也以此方式为主。

样张 4－1　供需合同

需方：　　　　　　　　　　　　　　　　　　　供方：

合同编号：　　　　　　　签订日期：　　　　　　签订地点：

<table>
<tr><td>成品货号</td><td colspan="3"></td><td>成品货名</td><td></td><td>总件数</td><td></td></tr>
<tr><td>色样号</td><td colspan="2"></td><td colspan="2">规　格</td><td colspan="3"></td></tr>
<tr><td>染料要求</td><td colspan="2">环保类</td><td colspan="3"></td><td colspan="2" rowspan="3">其他要求：日晒色牢度40h，必须达到 4 级；水洗色牢度 4 级</td></tr>
<tr><td>包装要求</td><td colspan="5">分缸包装，保证大货整洁、无污，并在外包装外注明缸号、项目、颜色、数量、合同号</td></tr>
<tr><td>结算方式</td><td colspan="3">需方检验合格后，45 天内付清货款</td><td>船样</td><td></td></tr>
<tr><td colspan="2">颜　色</td><td>数量(m)</td><td>含税单价</td><td>含税金额</td><td colspan="3">交货日期</td></tr>
<tr><td>1</td><td></td><td></td><td></td><td></td><td colspan="3"></td></tr>
<tr><td>2</td><td></td><td></td><td></td><td></td><td colspan="3"></td></tr>
<tr><td>3</td><td></td><td></td><td></td><td></td><td colspan="3"></td></tr>
<tr><td>4</td><td></td><td></td><td></td><td></td><td colspan="3"></td></tr>
<tr><td>5</td><td></td><td></td><td></td><td></td><td colspan="3"></td></tr>
<tr><td colspan="2">总　计</td><td></td><td></td><td></td><td colspan="3"></td></tr>
<tr><td>备注</td><td colspan="7"></td></tr>
<tr><td colspan="2">供方联系人、电话</td><td colspan="6"></td></tr>
</table>

一、质量技术标准：按×国××公司提供的客户质量标准要求组织生产和质量检验。

二、运输方式和交货地点：本合同规定之数量、花样颜色、交期、洗涤标、包装、刷唛等项如因国外临时特殊需要可以书面修正。

三、供方经济责任：

1. 应按合同规定，按时按质按量交货，否则需方因此所受的经济损失由供方负责。

2. 如发生未按合同规定数量交货的情况，除按前款赔偿需方经济损失外，对未交的货物是否需要补交、何时补交，均按需方的合理要求办理。

3. 货运指定目的地并承担运费，由于装运不善而造成的损失，由供方负责。

4. 本合同产品只供××公司指定用户。违约将据情罚供货款5%以上并有权终止合作。

四、需方经济责任：

1. 变更产品品种、规格，给供方造成损失时，承担供方实际损失，但以直接损失为限。

2. 未按合同规定时间和要求提供有关资料、包装物等，交货日期则相应推迟。

3. 货到需方指定目的地，由于需方安排不妥而造成的损失由需方负责。

4. 在满足合同内需方要求的情况下，需方必须在指定的时间付款，否则将执行"×国××中国办集团采购协议"第六条。

五、未经需方同意，供方不得使用、生产、销售合同规定数量之外的属于需方的商标、花型和款式，否则须承担一切经济责任。

六、供需双方由于人力不可抗拒和确非企业本身造成的原因而不能履行合同时，经双方协商，可免于承担经济责任。

七、供需双方因履行本合同发生纠纷，应协商解决，协商不成，任何一方可向法院起诉。

八、合同数量送齐，需方检验合格，确认货款金额后，供方开具有效增值税发票于需方，同时需方付清供方合格品货款。

九、其他未尽事项除由双方协商达成书面协议以外，按经济合同法有关规定办理。

十、本合同一式两份，双方各执一份，自签字盖章之日起生效。

需方　　　　　　　　　　供方

日期　　　　　　　　　　日期

（二）非正式文本合同

非正式文本合同在第一章已有阐述，通常是老客户通过传真、电子邮件或电话的方式，表达其订购或加工意向。采用非正式文本合同确定的订单，通常是在双方建立起的长期合作基础上所采用的方式。一般情况下，客户的追加订单和老客户的紧急订单，常采用非正式文本合同方式进行下单。客户的追加订单，通常只列明所需产品的种类、规格、数量、交货期等内容，对于费用金额、单价等内容可以按照原合同进行。

对于客户使用非正式文本合同下订单的方式，为保证订单的正常生产运作，要求跟单员对客户以往的订单资料（包括技术要求资料）应进行完善的保存，以方便查询参考。尤其是成品面料的客供色样、颜色名称、色号、印花图案等技术资料的保管，要特别小心，避免出现丢失、损坏、变色等情况。

对于非正式文本合同的订单，跟单员应注意及时将客户下单的资料进行整理。如有时客户也会用手写文本通过传真下单，当出现字迹不明时，跟单员应及时与客户联系沟通，落实客户所需要表达的含义，避免产生误解而造成损失。长期合作的客户或非常熟悉的客户，有时也采用电话下单的方式，通过电话交谈，确定购买（或加工）意向。跟单员应及时与客户沟通，让客户补发书面确认。

无论客户的订单是采用何种形式，跟单员均应安全妥善地保存，在跟单过程中，最好使用订单的副本，以避免样品变色、损坏。而且这些技术资料在整个订单实施过程的跟单工作中经常使用，跟单员最好将资料复制多份副本，以保证原件的标准性。

二、原料采购跟单

原料（Primary Material）采购是指生产企业根据订单中面料的要求及企业自身情况，在国内或国外其他企业采购纱线或者坯布的工作。大部分具备织造车间的企业所采购的原料一般是纱线，而没有织造车间的企业就需要采购坯布，然后进行染色，最后生产出成品面料。原料的采购可以是外贸公司采购完后送到生产企业进行加工，也可以由生产企业自主进行采购。原料的采购工作通常由采购部门(Purchasing Department)负责,跟单员进行联络跟进。

(一)原料采购前的准备

1. 确定原料采购数量(Quantity) 对于直接进行坯布采购的情况,原料采购数量比较容易确定;对于纱线采购来说,情况就复杂些,生产企业需要根据生产合同中面料的数量计算出纱线的用量,并仔细核查,保证无误。特别是对于一些比较贵的纱线,如羊绒纱线,订购纱线少了,则生产不出订单上的数量;订购纱线多了,则对生产企业是一种浪费。

2. 清查库存(Stock) 对于经常使用到的常规原料品种,生产企业一般都有一定的库存;有些老客户使用到去年的原料,生产企业有时也会有剩余库存。因此,原料采购前,跟单员应该提醒采购人员清查库存,以便先利用库存原料,降低库存,节省资金。

清查出与订单相适合的原料后需要检查。主要检查原料的规格是否与订单要求一致,如稍有出入,可以与客户协调是否能够使用;检查原料生产日期,对于某些类型的原料,如存放时间较长,在使用前,需要质量部门重新进行检验,检验合格后方可使用。如有些天然纤维面料,可能会因为存放不当而生霉。

3. 了解原料市场(Market) 制造业中一个迅速发展的趋势就是使供应商转变为合作伙伴。不是采用10~12家供应商并使他们相互竞争来获得公司的生意,而是生产企业只选择2~3家稳定的原料供应商,这样会提高工作效率和质量。跟单员要经常与这几家稳定的供应商保持联系,及时了解原料市场的变化,准确掌握原料的价格,以便于采购。

(二)原料采购跟单流程

1. 采购申请(Application) 采购员或跟单员根据生产合同和企业库存情况确定需要订购的原料数量后,填写采购申请单,或者草拟订购合同,交给部门主管进行审核。申请单一般包括采购原料的名称、数量、单价、总价、入库时间等。

2. 采购审核(Verification) 部门主管需要对采购申请单进行详细审

查,主要审核采购原料的品种是否正确,采购价格是否合理,采购量是否合适等。审核通过后,就可以发出采购单或采购合同了。

3. 采购单发出 企业的原料采购单,常用于长期合作的供应商。因双方经长期往来合作,已形成采购与供应的固定交易模式。向新发展的供应商采购时,由于双方初次合作,一般需要做一个采购合同,明确一系列交易行为,在初次合作成功后,一般多转用采购单这种简单、快捷的形式。采购单主要内容有原料名称、确认的价格及付款条件、确认的质量标准、确认的采购量、确认的交货地点等。

采购单是原料采购跟单的重要依据之一,是双方交货、验收、付款的依据。采购单的内容特别侧重交易条件、交货日期、运输方式、单价、付款方式等。另外在采购单的背面,大多会有附加条款的规定,亦构成采购单的一部分。

4. 采购跟进(Tracking) 采购跟进又可以称为采购控制。一般对于那些长期合作、信誉良好的供应商,可以不用采购跟进。另外,对于那些常规品种的原料也可以不用进行采购跟进。但对于那些市场上无法购买到的、需要专门进行订制的纱线或者坯布品种,跟单员需要进行跟进。

跟单员需要跟进的内容包括确认原料的交货日期及在什么条件下交货;确认原料生产过程中的信息(如纱线的密度、捻度等技术指标);确认原料的质量,如纺纱原料的批次不同、纺纱机器参数设置不同都会造成纱线质量的不一样,因此需要确认纱线的质量;最后还需要核实原料的交付价格是否与订单上的价格一致。

这些跟进的内容可以用来评价供应商,确定供应商是否有问题,并对将来选择供应商提供指导。任何事物都是有发展趋势的,因此对供应商也可以根据其交货速度、质量可靠性和竞争能力等因素作出评价。

5. 原料验收(Checking) 无论是纱线品质,还是坯布品质都直接影响到成品面料的染色品质,因此原料的验收很重要。

(1)纱线的验收:主要检查纱线的条干均匀度、接头、纱线中的杂质含量等方面。其中,纱线的条干均匀度和接头会影响到成品面料的疵点。而纱线中的杂质含量高,会影响到染色质量,有时也会形成面料疵点。

(2)坯布的验收:主要检查坯布的幅宽、密度、厚度、长度等规格以及外观质量和内在质量。为了加强坯布品质检验,有的生产企业会染整加工一定长度(如20m)的样布,以充分检验坯布质量。由于样布数量较少,很难单独染色,但可以采取带样的方式进行加工,即将样布加入到其他正在加工的染色产品中一起加工。带样的颜色以中浅色为主,要带入的产品最好与样布的颜色类似。另外,带样产品的检验必须在定形以后进行,这样才能全面地检验坯布的各项质量指标。

经过对订购回来的原料验收,对有严重缺陷的原料,跟单员应立即要求供应商换货;对于一般缺陷的原料,跟单员也要与有关人员协商处理,以免最终影响成品面料的品质。验收通过的原料可以直接入库。

6. 原料入库(Warehousing) 填写原料入库单,清点原料数量,并将原料搬运入库。入库单的内容一般包括供应商、品种、成分、批次、数量、入库时间及存放地点等。

三、生产进度跟单

生产进度(Production Progress)跟单主要是使订单生产按计划设定的时间推进,确保企业的生产进度符合订单的交货期。生产进度跟单的基本要求是使生产企业按订单要求及时交货,尽量做到不提前交货,也不延迟交货。

(一)按时交货的要点

很多时候生产企业不能按时交货,使得订单延期,给外贸公司造成很大的损失,同时也给自己带来很大损失。

1. 造成不能按时交货的原因

(1)接单环节控制不严。跟单员在接受新订单时,没有与生产部门充分沟通,造成订单交货期过短,生产部门无法按时完成生产。

(2)计划环节安排不周。生产计划中的某些环节安排不合理、不周全,如原料供应不及时,从而导致后面环节延误。

(3)生产环节出现问题。生产环节一旦出现问题,会影响整个生产进度。如因为生产通知单制作疏忽造成产品工艺变更,这样就会造成生产延误。

(4)产品质量控制不严。生产过程中质量控制不严,导致成品合格率达不到客户要求,如面料表面出现超出规定的疵点,这样增加了返工时间,从而影响生产进度。

(5)设备维护保养欠佳。机器设备没有定期保养维护,故障过多,造成停车现象严重,甚至增加面料表面的疵点,生产效率低下。

(6)外协加工调度不当。外协加工计划安排不周密或厂商选择不当,造成整个生产进度受到影响,延迟交货。

2. 具体解决办法

(1)健全企业管理制度,加强各部门的沟通与联系,严格保证接单环节。

(2)科学合理地安排生产计划。

(3)完善生产与技术信息资料,减少或消除临时、随意的变更,特别是生产制造通知单的技术资料,保证生产环节不出问题。

(4)完善质量管理制度,加强生产过程的质量控制,确保产品质量。

(5)妥善处理生产异常事务等。

(二)生产计划的制订与安排

生产计划(Production Plan)是企业自身经营计划的重要组成部分,是企业制订其他计划的主要依据,也是企业对生产进行安排的主要依据。制订合理、切实可行的生产计划,能使企业生产有计划地进行,保证企业按时、按质、按量向客户交货,保证生产合同切实全面地履行。生产计划通常由生产部门主管或计划部门主管负责制订,生产跟单员协助制订。

生产计划的制订依据主要包括生产合同或跟单员编制的订单明细表、前期生产记录、计划调度以及产能分析等。制订生产计划时,要充分考虑到所有订单的情况,要根据企业自身的生产能力,合理安排。制订生产计划应考虑的因素有以下几个方面。

1. 交货期 由于服装具有明显的季节性,所以面料的交货期也具有季节性的特点,这使得大部分客户的交货期集中在1~2个月。生产企业的生产也明显地分为忙季和闲季。但不同客户、不同类型的面料仍然存在交货期的差别,那些交期较短、交货时间比较紧急的订单应该优先安排生产。

2. 客户分类 一般情况下,生产企业都会将客户进行分类,可以简单区分为重点客户和一般客户,那些一线品牌公司,每年的订单量往往很大,企业需要重点维护,所以其生产排程也应受到重视。

3. 产能平衡 充分考虑到企业的生产能力,特别是某些工序的生产负荷,要保证各生产线生产顺畅,各工序之间衔接顺利。

4. 前期生产记录 根据以往的情况,保留适当的时间余地,以利于紧急订单使用。

对于紧急订单情况,可以考虑安排外协工厂生产。当然,外协工厂加工一般会增加成本,企业应该充分考虑。生产计划一般按时间制订,可以分为年度计划、季计划、月计划及周计划。

生产计划制订完毕后,生产部门还会将任务细化到各个相关车间,如织造车间和染整车间的生产安排肯定会不同。同时,生产部门还要注意各个车间和各个工序之间的紧密衔接。在这阶段,生产跟单员需要确认自己负责客户的具体生产安排。如确认订单的正式投产时间是否满足交货期的要求;确认原料运输和提取的操作等。

对于外协加工方式,需要与外协加工厂签订加工合同。同时,还要加强对外协工厂的联系,建立专门档案,以便控制生产进度。

(三)生产通知单的编制与下达

在进行面料生产前,生产跟单员需要将订单转化为企业下达生产任务的生产通知单。生产通知单是通知生产单位(生产企业或外协加工企业)进行生产的正式文件。跟单员需要与生产企业有关负责人对订单内容逐一进行分解,转化为生产企业的生产通知单内容。对于生产企业来说,由于涉及织造生产和印染生产,所以生产跟单员需要将订单内容分别转化为织造生产通知单和印染生产通知单。

生产通知单一般都会有附件,附件应随通知单一同送达生产部门。对于不同类型的产品,附件的内容也会有所不同。对于织造生产的通知单,内容一般包括生产单号、订单号、生产加工单位名称、坯布名称、使用原料、坯布规格、交货时间、交货地点和质量要求等;对于染整生产的通知单,内容一般包括生产单号、订单号、生产加工单位名称、成品面料名称、使用坯布的名称和规格、染色色号、交货期限、交货地点等。机织成品面料生产通知单的样式见表4－11。当然，不同生产企业的生产通知单样式，可能会有所不同。

表4－11　生产通知单

<table>
<tr><td>客户名称</td><td colspan="4"></td><td>客户订单号</td><td colspan="2"></td></tr>
<tr><td>加工单位</td><td colspan="7"></td></tr>
<tr><td>成品名称</td><td colspan="4"></td><td>使用坯布</td><td colspan="2"></td></tr>
<tr><td rowspan="2">成品规格</td><td colspan="2">克重</td><td colspan="2"></td><td rowspan="2">坯布规格</td><td>克重</td><td></td></tr>
<tr><td colspan="2">幅宽</td><td colspan="2"></td><td>幅宽</td><td></td></tr>
<tr><td rowspan="2">生产机台</td><td>型号</td><td colspan="2">产量</td><td>批次</td><td rowspan="2">生产数量</td><td>成品数量</td><td>坯布数量</td></tr>
<tr><td></td><td colspan="2"></td><td></td><td></td><td></td></tr>
<tr><td rowspan="2">印花</td><td>花型编号</td><td colspan="2">印版编号</td><td>套色数</td><td rowspan="2">染色</td><td>颜色</td><td>色号</td></tr>
<tr><td></td><td colspan="2"></td><td></td><td></td><td></td></tr>
<tr><td>生产时间</td><td colspan="4"></td><td>完成时间</td><td colspan="2"></td></tr>
<tr><td>交货时间</td><td colspan="4"></td><td>交货地点</td><td colspan="2"></td></tr>
<tr><td colspan="5"></td><td></td><td colspan="2"></td></tr>
<tr><td rowspan="3">生产排缸</td><td colspan="2">缸号（批次）</td><td colspan="2"></td><td>数量</td><td colspan="2"></td></tr>
<tr><td colspan="2">缸号（批次）</td><td colspan="2"></td><td>数量</td><td colspan="2"></td></tr>
<tr><td colspan="2">缸号（批次）</td><td colspan="2"></td><td>数量</td><td colspan="2"></td></tr>
<tr><td>备注</td><td colspan="7"></td></tr>
</table>

跟单员：　　　　　　制单：　　　　　　审核：　　　　　　日期：

（四）生产流程

前面提到，成品面料的生产流程可以分为织造生产和印染生产两部分。这里以同时拥有织造生产和印染生产能力的生产企业为例，介绍成品面料的基本生产流程。

（1）原料调拨及出库：将织造生产所需的纱线调至生产部门。织造生产的纱线调配工作主要包括检查原料库存，了解原料的库存情况以及所订购原料的到货情况；开具原料使用调拨单和提货单。原料调拨单是企业内部原料调拨和财务结算使用的凭证，而提货单是织造生产部门的原料提取凭证，也是原料使用和结算的记录文件。生产部门只有凭提货单才能到原料库提取原料，投入生产。原料仓库管理员凭原料调拨单及提货单，开具原料出库单，并由使用部门签收确认，作为原料出库的凭证。原料的调拨工作完成后，跟单员应安排原料转运工作，包括运输方式、提取时间等。

原料调拨及出库流程是个基本流程，它既是纱线调拨出库的基本操作过程，也是坯布调拨出库的基本操作过程。对于印染生产来说，在准备坯布的同时，还需要根据坯布的准备情况和订单的具体要求，制订出坯布配缸明细表，供生产操作人员作为坯布配缸、进缸和投染的依据。

(2)制订生产工艺：生产部门制订生产工艺并安排上机生产。生产工艺一般由生产企业的工艺部门或者产品开发部门根据客户资料及试样结果制订出的。由于生产工艺单是大货生产的依据，因此非常重要。一般情况下，工艺部门会有多名工艺员，他们分别负责不同的客户，这样有利于工艺员把握某一客户的产品风格。对于一些新产品的工艺开发，工艺主管通常会对工艺员制作的生产工艺单进行审核，以保证准确无误。另外，作为生产跟单员也要熟悉工艺，当跟单员拿到生产工艺单时，应该对照订单资料，审核工艺单，确认无误后再送交生产部门。这里以染色生产工艺单(表4－12)为例简单介绍一下生产工艺单的内容。

表4－12　染色生产工艺单

<table>
<tr><td>客户名称</td><td></td><td colspan="3">客户订单号</td></tr>
<tr><td>加工单位</td><td colspan="4"></td></tr>
<tr><td colspan="5">客供色样资料</td></tr>
<tr><td>缸号(批次)</td><td></td><td>成品数量</td><td></td><td rowspan="3">(贴色样)</td></tr>
<tr><td>成品种类</td><td></td><td>坯布规格</td><td></td></tr>
<tr><td>成品规格</td><td></td><td>坯布数量</td><td></td></tr>
<tr><td colspan="5">前处理工艺</td></tr>
<tr><td>时间</td><td></td><td colspan="3" rowspan="3">配方：</td></tr>
<tr><td>浴比</td><td></td></tr>
<tr><td>温度</td><td></td></tr>
</table>

续表

<table>
<tr><td>客户名称</td><td></td><td colspan="2">客户订单号</td></tr>
<tr><td colspan="4">染 色 工 艺</td></tr>
<tr><td>颜色名称</td><td></td><td colspan="2" rowspan="4">工艺曲线：</td></tr>
<tr><td>色号</td><td></td></tr>
<tr><td>浴比</td><td></td></tr>
<tr><td>温度</td><td></td></tr>
<tr><td>时间</td><td></td><td colspan="2" rowspan="4">配方：</td></tr>
<tr><td>液量</td><td></td></tr>
<tr><td>pH 值</td><td></td></tr>
<tr><td>机台</td><td></td></tr>
<tr><td colspan="4"></td></tr>
<tr><td>后整理工艺</td><td></td><td>定形工艺</td><td></td></tr>
</table>

跟单员：　　　　工艺制订：　　　　技术主管：　　　　日期：

生产工艺单一般包括客户订单号、成品规格、使用坯布规格等基本资料以及印染和后整理的工艺。其中的染色工艺部分可以单独列表，称为染色工艺单。染色工艺单在生产企业中有时也被称为配方单。染色工艺单一般包括染色工艺曲线、工艺说明及工艺配方三个部分。

(3)试生产：生产部门进行中样试生产。中样试生产是印染生产部门生产流程中的关键一环。当客户批复小样后，印染生产部门就应及时安排中样(又称为大货头缸样)试生产。试生产中样时，生产工艺和染化料配方应该与工艺部门制订的大货生产工艺一致。中样生产完毕后，跟小样一样，要经过企业内部评审，评审的标准通常是客户的产品质量要求。中样评审通过后，由跟单员递送客户，得到客户确认通过后，就可以大货生产了。

试生产的过程同时也是对大货生产工艺确认的过程。在试生产过程中，及时抽检产品质量，达不到质量要求时应及时调整配方，改进生产工艺。

(4)大货生产：工艺上机的设备调试完毕后进行正式生产。头缸样通过确认后，生产部门要及时组织大货生产。大货生产前，跟单员需要将生产通知单、生产工艺单等有关资料交给生产部门，由生产部门根据生产资料和设备使用情况进行排程。对于印染生产来说，跟单员还需要将坯布配缸明细表交给生产部门。

（五）生产进度跟进

生产进度跟进是面料生产过程中，生产跟单员的重点工作。生产进度跟进的目的是使订单生产过程中的进度有序，资料清楚，以使主管人员及时了解订单的运作情况，更加便于与客户沟通。

外贸跟单员也需要了解生产进度，对于一些重点订单要实行生产跟进。外贸跟单员一般可以通过与加工厂保持经常性的电话联系，了解订单生产的进度与生产中遇到的问题，特别是临近交货期，或者一些急单，必须多采用电话方式进行沟通与催促。对一些需要用文件补充说明的订单，以及协调解决生产进度的问题，除了采用电话联系外，还必须采用电邮或传真的形式，通知加工厂，以确保订单生产正常进行。对一些重要的订单，贸易公司应派出跟单员，对生产进度做现场跟进，查验产品质量。这种方式可更加有力地确保订单生产按计划推进、准时交货。

在订单实施过程中，织造生产和印染生产都是由生产部门(或加工企业)依据生产通知单进行安排和实施的。作为跟单员，需要参与到生产过程中，主动了解和掌握生产进程，使生产更加有序。跟单员要做好下列几项工作。

1. 信息收集　生产过程是由生产部门实施和负责的，但跟单员需要密切关注生产过程，注意收集生产过程中的一些信息，如将生产过程中的各种工艺单保留一份，作为此张订单的工艺资料，以备查询和追加订单之用。

2. 中样跟进　小样一旦被客户通过后，跟单员应立即与生产排缸人员协调生产进度，尽快安排小批量试生产。中样的跟进与其他样品的跟进一样，需要跟单员随时跟进生产过程，及时了解生产进度和中样的质量情况，完成的样品及时送交有关人员进行企业内部评审。

内部评审通过后，跟单员需要将中样报送客户。采样可以按客户的要求进行。采样完毕后，附上样品的资料卡，同时填制送样记录和送样通知书，随同剪取好的样品，一同送交客户批复。

样品报送后要及时联络客户询问样品的批复。客户对于中样的确认，无论通过与否，均应有相应的书面答复材料，此书面资料是跟单和生产的重要依据，跟单员应妥善保管。对于未通过的样品，客户一般会给出改进意见，跟单员应与有关人员研究并改进，然后再进行试样生产，直至客户确认。对于客户确认的样品，生产部门可作为大货生产的对照样，同时，跟单员要留存客户确认样及客户批复结果，作为跟单依据。

3. **生产进度跟进** 跟单员应定期(如每周)了解生产的进度。进度跟进主要是对每周产量的跟进，并根据此产量预测本订单的完成时间。如完成时间与生产通知单上的计划时间不符，跟单员应及时与生产人员协调。跟单员应要求生产部门进行配合，定时报出需要的生产数据，以便随时掌握订单的完成情况。有经验的跟单员往往会自己建立订单生产进度记录或者向生产部门索要生产进度记录，以方便跟进。具体的面料生产进度表见表4－13。

表4－13 面料生产进度表

<table>
<tr><td colspan="2">客户名称</td><td colspan="2"></td><td>客户订单号</td><td></td></tr>
<tr><td colspan="2">加工单位</td><td colspan="4"></td></tr>
<tr><td colspan="2">成品名称</td><td></td><td colspan="2">成品规格</td><td></td></tr>
<tr><td colspan="2">生产时间</td><td></td><td colspan="2">完成时间</td><td></td></tr>
<tr><td colspan="2">交货时间</td><td></td><td colspan="2">开台数量</td><td></td></tr>
<tr><td colspan="2">机台规格</td><td></td><td colspan="2">机台编号</td><td></td></tr>
<tr><td colspan="2">订单数量</td><td></td><td colspan="2">原料投入量</td><td></td></tr>
<tr><td colspan="6">生产进度统计</td></tr>
<tr><td>日　期</td><td>当日产量</td><td>累计产量</td><td>日　期</td><td>当日产量</td><td>累计产量</td></tr>
<tr><td></td><td></td><td></td><td></td><td></td><td></td></tr>
<tr><td></td><td></td><td></td><td></td><td></td><td></td></tr>
<tr><td></td><td></td><td></td><td></td><td></td><td></td></tr>
</table>

续表

客户名称		客户订单号	
交货记录			
日　　期	交货数量	累计交货数量	交货地点
备　　注			

四、生产质量跟单

随着企业规模的扩大以及外部竞争越来越激烈,企业对质量检验和质量管理越来越重视。特别是对于出口企业,产品质量是决定产品能否被客户接受的关键。因此,质量检验是跟单过程中的一个重要环节。在订单的执行期,生产企业既要确保生产进度,还要安排专门人员对生产进行有效的质量控制。质量检验的工作一般由 QC(Quality Controller)负责,跟单员需要协助完成。另外,跟单员也是质量检验的最后一关,在成品交来后,其也应该对成品的质量进行确认,以确保交到客户手里的产品质量万无一失。

QC 是企业中的一个岗位,即质量控制,从事这项工作的人员都可以称为 QC。QC 的主要任务是对产品的质量进行检验和控制。根据订单涉及的三方(国外客户、外贸公司和面料加工厂),可以将 QC 分为生产企业 QC、外贸公司 QC、检验机构 QC 三类。生产企业 QC 是面料生产企业的质量检验员,主要负责面料生产过程中各环节的质量控制和检验,一般在生产现场工作,直接对生产情况进行监控;外贸公司 QC 是外贸公司的质量检验员,主要代表外贸公司对生产企业的加工质量进行检验;检验机构 QC 一般为专门从事质量检验机构(可以参照本章基础知识)的 QC,其一般会接受国外客户的委托对外贸公司的产品进行检验。

不管是 QC,还是跟单员,质量检验时的主要工作包括熟悉自己负责的质量检验的类别;熟悉产品质量的基本要求和标准,出口企业的 QC 还要熟悉境外客户的企业标准及客户所在国家的标准;掌握质量检验的方法和内容;熟悉具体的检验操作;编写检验报告,以作为客户付款的凭证之一。

(一)质量检验的类别

1. 按照检验时间 全面质量管理要求生产企业对产品质量的控制贯穿企业的整个运营过程,涵盖原料的采购、面料生产及成品等各环节。按照检验在整个生产过程中的时间可以大致分为初期检验、中期检验和终期检验三类。

(1)初期检验(Initial Inspection):主要包括对原材料的抽查,以及通过对每台机器刚生产的产品进行抽检,以评估机器的运转状态及质量情况两个方面的工作。有些外贸公司也会派 QC 执行初期检验。

(2)中期检验(Middle Inspection):即半成品检验,又称为中检。中期检验是生产过程中对产品质量的检验,对织造生产和印染生产来说,中期检验都是必不可少的,中期检验也是生产质量控制的主要手段。生产企业可以通过定期抽检布匹,跟踪产品质量,避免产生质量波动。同时,很多外贸公司也会派 QC 执行中期检验。

(3)终期检验(Finish Inspection):即成品检验,又叫出货质检。这主要是外贸公司或客户委托检验机构实施的查验项目,QC 根据客户的质量标准,对成品进行检查、鉴定。对不合格的成品按照相关约定进行处理。

外贸公司的质检人员并非都要执行这三类检验,一般会视情况而定,如新客户、新的合作生产企业、新产品或工艺复杂的产品及大金额合同的情况下,一般要求外贸企业的 QC 要进行初期、中期和终期检验,以加深对生产企业的了解,加强对产品质量的控制,减少贸易风险。

2. 按照检验产品的数量 可以将产品质量检验方式分为全数检验和抽样检验。全数检验就是对待检验产品批 100% 地逐一进行检验,又称为全面检验或 100% 检验。这种方法适用于产品数量较少的情况下,但对数量较大的外贸纺织品的检验,并不适合。外贸纺织品的检验一般采用抽样检验,抽样检验是从待检验产品批中,随机抽取适量的产品样本进行质量检验,然后把检验结果与判定标准进行比较,从而确定该产品是否合格。

3. 按照检验目的 按照检验目的可以将产品质量检验方式分为验收检验和监控检验。验收检验广泛存在于生产全过程,如原材料采购检验、外协加工验收、半成品入库检验及成品出厂检验等。验收检验的目的是判断受检对象是否合格,以作出接受或拒收的决定。监控检验的目的是检查生产过程是否处于受控状态,以预防由于机器设备等因素造成的大量不合格产品的出现,或者产品的质量出现波动,如中期检验。

4. 按照检验内容 按照检验内容的不同可以分为外观质量检验、内在质量检验及包装检验。

(1)外观质量(Appearance Quality)检验:主要包括色差、疵点、纬斜等。

(2)内在质量(Inherent Quality)检验:主要包括物理测试、色牢度测试、尺寸稳定性测试、纤维种类鉴别及面料结构分析等。

①物理测试:包括拉伸强力、撕破强力、胀破强力、抗钩丝性、耐磨性和耐起毛起球性等。

②色牢度测试:包括皂洗、摩擦、日晒、水/汗渍、氯水、海水和酚醛泛黄等色牢度项目等。

③尺寸稳定性测试:包括水洗缩率测试和汽蒸缩率测试等。

④纤维种类鉴别:常规纤维及特殊纤维,如羊绒含量分析,棉麻含量分析等。

⑤面料结构分析:包括组织结构、克重、经纬密度和纱支测试等。

(3)包装检验:包括数量、尺寸规格和包装细节。

(二)质量标准

从世界范围看,进出口商品质量标准分为国际标准、区域性标准、国家标准、专业集团标准和公司标准五种。从我国执行情况看,产品质量检验标准分为国家标准、行业标准、地方标准和企业标准。这些标准中一般既包括产品的质量标准,也包括测试方法的标准。质量标准即产品各项指标要达到的要求,它是评判等级的依据;测试方法的标准是对某项指标的标准检测方法。产品检验时,需要按照测试方法的标准对某些指标进行测试,然后将测试结果与质量标准中的指标对比,判断出产品的质量等级。

1. 纺织品检验标准

针对纺织品检验的质量标准很多,有国际标准,如 ISO 关于纺织品的标准;有区域性标准,如欧洲标准委员会标准 CEN;有国家标准,各个国家大都有自己的标准,国家标准的表示方式为“国家标准代号 发布序号—发布年限”,如我国国家标准 GB/T 18885—2002《生态纺织品技术要求》;有行业标准,我国的纺织行业标准以 FZ 开头,如 FZ/T 61001—2006《纯毛、毛混纺毛毯》;有企业标准,企业标准是指由企业自己制订的产品质量、技术标准。几种常见的质量标准见表 4-14,具体的标准目录可以通过互联网查到。

表 4-14 部分质量标准

标准代号及颁布机构	举 例	说 明
ASTM (American Society for Testing and Materials) (美国测试与材料学会)	D 6545—00 Standard Test Method for Flammability of Textiles Used in Children's Sleepwear	用于儿童睡衣的纺织材料的可燃性测试标准
BS (British Standards Institution) (英国标准学会)	BS 2471:2005 Textiles. Woven fabrics. Determination of mass per unit length and mass per unit area	机织面料单位长度的质量和单位面积的质量的测试标准
DIN (Deutsches Institut Für Normung) (德国标准学会)	DIN EN 13770 (2002) Textiles Determination of the abrasion resistance of knitted footwear garments	针织袜装耐磨性的测试标准
JIS (Japanese Standards Association) (日本标准协会)	JIS L0857—1995 Test method for colour fastness to bleaching with peroxide	耐过氧化氢漂白的色牢度的测试方法
AATCC (American Society of Textile Chemists and Colorists) (美国纺织化学师与印染师协会标准)	AATCC 94—2002 RR45 Finishes in Textiles: Identification	纺织品后整理辨别规范
AS (Standard Australia) (澳大利亚标准协会)	AS 2001. 2. 34—1990 Methods of test for textiles - Physical tests - Determination of permeability of fabrics	织物透过性能的测试方法标准

续表

标准代号及颁布机构	举　例	说　明
ISO（International Organization for Standardization）（国际标准化组织）	ISO 8498：1990 Woven fabrics—Description of defects—Vocabulary	关于机织物疵点的描述术语
CAN/CGSB（Canadian General Standards Board）（加拿大标准委员会）	CAN/CGSB 4.2 NO.21 –M9001 – Nov – 2004 Textile Test Methods——Colour fastness to Sea Water	纺织品耐海水色牢度的测试方法标准
EN（欧洲标准）	EN 20105—A02：1994 Textiles——Tests for colour fastness	纺织品色牢度测试标准

国外客户一般都有自己严格的企业标准，当然很多标准都是参照客户所在国家的标准的。纺织面料出口企业的产品一般要按照国外客户的企业标准到指定的检验机构进行检验。如某客户的部分标准见表4–15。

表4–15　某客户的部分质量标准

PERFORMANCE PROPERTIES（测试项目）		TEST METHODS（测试方法）	MINIMUM REQUIREMENTS（对测试结果的要求）
Fiber Analysis（纤维分析）		AATCC 20A、ASTM D 629	Blends：±3.0%，Single Fiber：No tolerance（混纺：±3.0%，单纤维：无公差）
General Fabric Properties（普通属性）	Defect（布疵）	ASTM D 3990	No major defects（无显著疵点）
	Evenness of color（颜色均匀度）	Visual	Uniform and even color within sample（来样颜色统一均匀）
Fabric Construction Qualities（织物结构）	Ends × Picks/Inch（Woven Fabrics）（经密×纬密）	D 3775	As approved sample（对比确认样）（±5%）
	Wales × Courses/Inch（Knitted Fabrics）（横密×纵密）	D 3887	As approved sample（对比确认样）（±5%）

续表

PERFORMANCE PROPERTIES（测试项目）		TEST METHODS（测试方法）	MINIMUM REQUIREMENTS（对测试结果的要求）
Fabric Construction Qualities（织物结构）	Yarn Size and Yarn Structure 纱线线密度和纱线结构	D 1059	As approved sample（对比确认样）（±5%）
	Fabric/Material Weight（oz./sq. yd.）（克重）	D 3776（woven fabric）	As approved sample（对比确认样）（±5%）
	Batting Weight（oz./sq. yd.）（填充棉重量）	D 3887	As approved sample（对比确认样）（±10%）
Dimensional Performance Characteristics（尺寸稳定性）	Washing（水洗稳定性）	AATCC Test Methods 150（Garment）135（Fabric）3（washes）［AATCC 测试方法 150（服装）135（面料）3（洗涤）］	Wovens:3.5%（general）5.0%（madras,terry,flannel,corduroy）;Knits:5.0%（general）7.0%（fleece,ribs,interlock）;Dry cleanable:2.0% max［机织面料:3.5%（普通）,5.0%（衬衫布、毛圈布、法兰绒灯芯线）;针织面料:5.0%（普通）,7.0%（起绒织物、罗纹织物、双罗纹织物）;可干洗面料:最多2.0%］
	Dry Cleaning（干洗稳定性）	AATCC Test Methods 158（AATCC 测试方法 158）	—
	Hand Washing（手洗稳定性）	5min. agitation/5min. soaking/5min. rinse（Woolite）（搅拌与 min/浸湿 5min/冲洗 5min）	2.0%
	Leather and Suede Cleaning（皮革清洗稳定性）	Professional leather cleaning（专业皮革清洗）	2.0%

续表

PERFORMANCE PROPERTIES（测试项目）		TEST METHODS（测试方法）	MINIMUM REQUIREMENTS（对测试结果的要求）
Shape Distortion（服装扭曲变形）		As above（同上）	No appreciable twisting or shape distortion（Max.：1.0″side seam displacement at bottom hem）[无明显扭曲变形（最大变形：底摆处的侧缝线不超过1英寸）]
Batting Durability（in cleaning）（填充棉耐用性）		As above（同上）	No disintegration 无碎棉
Lining & Shell Seam Durability（里布和面布接缝稳定性）		As above（同上）	No seam shall ravel and open up. All seams should be secured or overedged（所有接缝良好或采用了包缝工艺，无接缝撑开现象）
Wash and Wear Characteristics（洗可穿特性）		AATCC D143 Fabric（面料）：#124	Fabric：DP Class 4
		AATCC D143 Seams（接缝）：#88B	Seams：Class 3
		AATCC D143 Crease（褶裥）：#88C	Crease Retention（褶裥保形）：Class 4
Bursting Strength（顶破强力）	Light wt.（<3.0oz./sq. yd.）	ASTM D3786	30 psi（磅/平方英寸）
	Medium/Heavy Wt.（>3.0 oz./sq. yd.）	ASTM D3786	45 psi（磅/平方英寸）

2. **疵点检验标准**　关于面料疵点的评判，目前没有统一的标准，现行的国外的主要评分标准有四分制、十分制及客户自己制订的标准。1955年，美国的纺织分销商协会（Textile Distributors Association）和国家纺织联盟（The National Federation of Textiles, Inc）发布了十分制（10 Point System），

十分制通过对面料疵点的尺寸和出现的频率进行打分，然后确定面料的等级。十分制主要用于机织印染面料的评判。

1959 年，美国的衬衫及运动装生产商协会（The National Association of Shirt Pajama Sportswear Manufacturers）和美国质量管理协会（The American Society for Quality Control）提议将四分制作为判定面料外观品质的标准。四分制与十分制比较像，也是通过对面料疵点打分确定面料等级的，不过具体的要求不同。四分制后来被美国政府军方和美国服装制造商协会（AAMA）采用，成为美国、欧洲及日本的主要检验标准。

对于国内贸易的双方则可以采用国内的行业标准，如 FZ/T 72004.2—2000 针织成品布疵点检验标准。

（三）检验操作

1. 检验前准备

（1）准备资料：质检人员在进行检验前需要准备生产合同复印件，了解订单的详细资料，包括生产工艺、原品质样、最终确认样、色卡、色样、客人确认意见或更正资料等，有些情况下还需要携带客供样或确认样作为参照。确认所掌握的所有资料详尽，资料之间统一。如果存在不清楚的地方，及时与跟单员进行确认。

（2）联系工厂：跟单员与工厂确认验货时间和验货订单，并确认生产进度，然后通知质检人员，以提高检验的针对性。

2. 前期检验 对刚下机的坯布或成品布进行抽验，以确认投产时各台机器的运转状态及质量情况是否良好，并及时作出评估。每台织机生产的产品至少抽验 3 匹，并做详细记录。作为外贸公司的 QC 在进行检验时，要注意以下事项。

（1）初次抽样时，应与生产企业的检验人员进行沟通，尤其是对质量标准的把握要统一，避免对检验标准的理解产生误差。对双方存在分歧的地方要以生产合同附件中的技术标准为参考。

（2）最好能与生产企业的检验人员共同验布，分别做记录并进行验后核对，以发现产生误差的原因，并统一意见。

（3）了解掌握生产企业的机器设备的生产质量，避免同一订单、同一品种、不同机台生产出的面料的规格、质量存在差异，如有问题要及时改进。

3. 中期检验 外贸公司的QC进入生产企业后,要对各车间、各道工序及半成品实行高标准检验,如有问题要及时反映给生产企业负责人或管理人员,并监督、协助生产企业落实整改。同时,反馈给本公司的相关跟单员,如有必要,需要跟单员出面进行协调。

生产企业的QC则要在具体的生产过程中,定期对织造生产好的坯布或者印染完成的成品布进行抽验。抽验的内容一般包括面料疵点和染色质量,跟单员或者质检人员需要对检验过程进行记录,并形成产品质量检验报告,然后送交部门主管进行审查,以便发现问题,及时改进。

质量检验报告可采用表格的形式,进行汇总统计,具体的面料质量检验报告见表4-16。不同的面料类型,报告表会有所不同,主要区别在要检验的疵点项目上。

表4-16 面料质量检验报告表

检验日期:

客 户			订单号	
面料品种			面料规格	
花型颜色			色号	
缸号				
疵点项目	疵点记录			
布号				
坏针				
破洞				
断纱				
错花				
粗结				
(其他项目略)				

检验员: 跟单员: 审核:

4. 终期检验 也可称为尾期检验,包括包装及数量检验、外观检验和性能检验三个方面。这里的外观检验主要包括对布面疵点和色差的检验,俗称验布(Inspecting Fabric),进行验布的人员也称为验布员(Inspector)。前两项检验工作一般由外贸公司QC或者客户指定的第三方QC来操作,性能检验大多由生产企业送相应的检验机构进行检验。终期检验的目的是检验产品是否合格,客户是否接受。

(1)包装及数量检验:详细清查箱数是否与箱单、合同或要求相符。检查纸箱是否保持清洁,不能有污损或脚印,印刷字迹清晰、正确、色泽一致。

(2)外观检验:确定验布方法,检验的方法有抽样检查和全数检查两种。对较为正规的公司,执行 AQL 2.5 应该是可以的,但对一些小公司,要灵活掌握,可以放宽,也可以加严。对于数量比较小的检验可以采取全数检验,如小于 200m;对于数量比较大的检验一般采用抽样检查,一般按交货批分品种、规格和色别随机抽样,抽样的比例可以根据公司规定执行。如对于长期稳定的供应商,验货比例可以控制在 10%;对于新的供应商,验货比例需要控制在 20% 左右;而对于前期记录和信誉都比较好的供应商,验货比例可以在 1% ~3% 就可以。

明确验布方法后,便可以开始检验。外观检验的操作一般在验布机上面进行,有些检验也可在 40W 日光灯下(80cm 高)的平台上检验,或正常北向阳光下检验。在验布机上检验时,应将布匹的正面放在与垂直线成 45°夹角的验布机台面上,验布机内需要安装 4 只 40W 日光灯,上面的罩中需要安装 2 只 40W 日光灯,验布机速一般为 16 ~18m/min。发现疵点后,要记录并分析疵点;对接受检验的所有布匹都要定等级,评定疵点分数。

疵点按严重程度可以描述为轻微、明显和显著。“轻微”是指疵点在直观上不明显,通过仔细辨识才可看到;“明显”是指不影响总体效果的疵点;“显著”是指破损性疵点和明显影响总体效果的疵点。

外观检验结果的判定可以按照客户的标准进行,有些欧美客户直接指定四分制为检验判定标准,如棉府绸要求 100 平方码不超过 24 分,即可判该批产品合格。

面料的色差包括头尾差、前后差、左中右差、缸差、匹差等。头尾差是指一匹经过长车轧染的面料的头部和尾部的颜色差别;前后差是指同一种颜色的布匹的前端和后端的颜色差别;左中右差是指经过长车轧染的布匹的左边、右边和中间部分的颜色差别;对于批量较大的某个颜色的布匹在进行绳状浸染时,需要分为多个缸,缸差是指不同缸之间的颜色差别;匹差是指相同颜色或同一包装内,不同匹布之间的颜色差别。不同客户对布匹色差的要求不同,都有自己的标准,一般来说,客户要求各种色差不超过4级。

色差的检验可以采取将要检验对比的部分折叠在一起,然后使用灰色样卡,按照评定变色的国家标准(GB 250)进行等级评定。如左中右色差的检查,就可以将左边布边、布料中间位置和右边布边三个部位折叠在起对比颜色,进行判定。检查频率一般为每10m对比检查一次,当然也可根据客户需要来定。

(3)性能和色牢度检验:按照客户的检验标准,送客户指定的检验机构检验。

性能测试的项目很多,主要包括物理测试、尺寸稳定性测试和色牢度测试等。测试项目一般由客户指定,生产企业只需要将面料送到客户指定的检验机构进行检验。检验机构检验完毕,会出具检验报告,由生产企业或者外贸公司交给客户,作为产品合格的凭证。

有些客户要求比较高,除了对大货产品进行性能检验外,为了保证大货面料是合格的,在样品开发阶段就会提出很多面料测试要求,测试通过后才下订单。当然,大部分客户并不要求样品开发阶段进行面料性能检验。

(四)编制质检报告

生产企业的QC在中期检验时需要编制质检报告,生产企业、外贸公司及客户委托的QC在终期检验时也需要编制质检报告,这些质检报告都有所不同。中期检验时编制的质检报告一般是面料质量报告表的形式,只是作为生产企业质量控制的手段。而终期检验时编制的质检报告则是非常正规的,需要交给客户,作为产品合格的凭证。

1. 终期检验报告内容

(1)终期检验的外观质检报告内容:

①时间:明确标示查验的时间和编制报告的时间。

②抽查比率或数量:表明抽查样品的数量和抽查结果的可靠程度。

③疵点:准确表述抽查样品疵点的数量、出现位置与频率。

④评语:对质量检查情况作出总结,客观评定成品的质量是否合格。

⑤建议:对成品存在的质量问题,提出改进意见。

⑥签名确认:QC签名,以示对质量检查的结果负责。

(2)检验机构编制的针对面料性能的测试报告内容:

①时间:明确标示查验的时间和编制报告的时间。

②测试项目:列出面料的测试项目,如色牢度等。

③测试方法:针对某测试项目进行测试的方法,一般为标准测试方法。

④是否通过:列出每个测试项目的测试结果是否达到客户的要求。是即为通过;否即为不通过。

⑤评语:对质量检查情况作出总结。

⑥签名确认:QC 签名,以示对质量检查的结果负责。

下表为 ITS 为某客户编制的一份性能测试报告的样张。主要内容包括检验报告编号(NUMBER)、检验面料收到的时间(Date Received)、检验报告发布时间(Date Issued)、客户资料(Company Name、Order Number 等)、测试项目(表中的 Test 列)、测试方法(表中的 Method 列)、测试是否通过(表中的 Pass/Fail 列)、测试评语(Remarks)及测试结果(Tests Conducted)等。由于测试项目比较多,这里只列出了报告的部分内容。具体见样张 4-2。

样张 4-2 测试报告

TEST REPORT NUMBER:SHAT0075××××

××Test Report

Report Ref:SHAT0075××××	
Date Received(收到样品日期):Aug,25,2008	Date Issued(发布报告日期):Aug,28,2008

Company Name(公司名称) Company Address(地址) Contact Name(联系人)	
Order Number(订单号)	
Description(样品描述)	Woven Fabric(机织布)
Color(s)(颜色)	(A)Light Sand (B)Dark Khaki
End Use(用途)	Men's Formal Jacket(男式夹克)
Additional Details(其他细节)	

Test	Method	Color	Pass/Fail
COLOR FASTNESS TO WATER(水洗色牢度)	C6 – OCTOBER 2004	A	PASS
COLOR FASTNESS TO WATER(水洗色牢度)	C6 – OCTOBER 2004	B	PASS

COLOR FASTNESS TO LIGHT(光照色牢度)	C9 – OCTOBER 2004	A	PASS
COLOR FASTNESS TO LIGHT(光照色牢度)	C9 – OCTOBER 2004	B	PASS

TENSILE STRENGTH(拉伸强力)	P11 – OCTOBER 2001	A	PASS
TENSILE STRENGTH(拉伸强力)	P11 – OCTOBER 2001	B	PASS

Remarks(意见):

Prepared and checked by(测试人签名):

Tests Conducted(测试指标)

C6 – Color fastness to water @ 37℃(October 2004)									
		Staining(Multifibre DW) onto(沾色牢度)					Requirements(要求)		
A	Change (色变)	Cotton (棉)	Nylon (绵纶)	Polyester (涤纶)	Acrylic (腈纶)	Wool (羊毛)	Change (色变)	Stain (沾色)	Pass
	4.49	4.6	4.42	4.64	4.57	4.66	4	4	

C6 – Color fastness to water @ 37℃(October 2004)									
		Staining(Multifibre DW) onto(沾色牢度)					Requirements		
B	Change	Cotton	Nylon	Polyester	Acrylic	Wool	Change	Stain	Pass
	4.15	4.6	4.15	4.51	4.7	4.4	4	4	

2. 质检报告的书写 质量检查报告是质量跟单工作的重要文件,QC必须以认真、负责、客观、公正的态度编写,力求使质检报告准确反映成品的质量情况,同时为改进质量管理提供有价值的参考。在编写质量检查报告时要注意以简练、明了的文字来表达质量检查的情况,尽量运用专业的名词,不使用自创的词语和“可能”、“大概”等不确定的词语,避免产生歧

义,应让阅读者准确理解报告的内容;对于织物疵点,一定要拍照片,辅助说明成品质量;提防遗漏。报告反映的质量情况要力求全面、翔实,以免影响阅读者的判断。报告填写完后,要反复核对、审阅,防止错误或遗漏。

3. 检验结论 检验工作完成后,需要对成品的质量及包装进行全面的评估,将质量检查结果与客户所定的质量标准做比较、鉴定,作出成品的质量是否合格的结论。根据检验结论与交货期决定该批产品能否出货。质量检查评估结论一般有以下几种情况。

(1)质量合格且包装没有问题,则可以出货。经查验,成品的规格、颜色、制作工艺、水洗后整理等符合订单的质量规定,认定质量合格。同时,产品包装也没有问题,则可以安排出货。

(2)部分存在问题,担保出货。经检查,成品的总体质量合格,但小部分存在质量上的小问题。跟单员可以及时与客户协商,如客户接受,则可以对货款进行折扣后出货;如对客户是否接受没有把握,则可以在加工厂法人代表签名担保的条件下,以担保的形式出货。

(3)返工修正,重新查验。经检查,发现部分成品不符合订单的质量要求,需返工修正,使成品的质量得到改良,并达到订单的质量要求,通过重新查验合格后,才能出货。

(4)质量较次,拒绝出货。经检查,发现成品有较大的质量问题,即使返修也不可能符合订单的质量要求(如错款),或经返修两次仍不能有效改良质量,存在较多的疵点,认定成品质量不合格,客户拒绝接受成品,不能安排出货。

(5)产品包装有问题,重新组织包装。有时产品的内在品质合格,但内、外包装或者刷唛等多方面出现严重失误,则要求工厂重新组织包装,检验合格后,才可出货。

4. 报告保存与分发 所有质检报告都要妥善保管,根据质量检查的项目和质量改进的需要,分别报送需要报告的对象。通常一式三份,用不同颜色纸张印制,分别发给加工厂、服装贸易公司和客户,同时 QC 要存底 1 份,以便查阅。

五、成品包装

成品包装(Packing)是面料生产的最后一道工序,成品的包装一般包括内包装和外包装。跟单员不需要直接参与成品的包装过程,只需要了解成品的包装材料、包装方式和包装要求等内容即可。

(一)包装材料

包装材料是指用于制造包装容器和包装运输、包装装潢、包装印刷、包装辅助材料以及与包装有关的材料的总称。在纺织品服装进出口中,根据不同的商品、不同的运输方式等可选用不同的包装材料。用于纺织品包装的材料主要有如下几种。

1. 塑料布和塑料纸 包装用的塑料大多为聚氯乙烯,即通常所说的PVC。使用塑料作为包装材料,可以防水、防污,牢度较好且价格便宜。塑料布和塑料纸常作为内包装材料,用于包覆坯布、毛条、纱线和纺织原料等。

作为内包装的塑料布要注意厚度,因为厚度会影响透明性。有些客户对内包装的材料的透明性有明确的要求,如透过内包装材料能够清楚看到面料的颜色和内唛。

2. 机织布 用于包装的机织布包括原色布、麻布或漂布,主要用来包装纺织成品布和半成品及原料,如纱线、毛条、化纤、羊绒等。由于机织布长度可随意变化,印刷方便,故应用比较广泛,常用于外包装。用于面料外包装的机织布一般为涤棉半漂布,成本相对较低,且强度较高。

3. 纸箱 瓦楞纸箱是出口包装纸箱中最常见的纸箱,主要用于产品的运输包装。纸箱主要用于包装服装和纺织复制品,如被单、枕套、装饰品、床罩等。我国的纸箱是按国家标准以瓦楞纸板的品种、内装物的重量和纸箱的综合尺寸(即纸箱内长、宽、高的尺寸)来进行分类的,共分为三类,共计30种。其中,一类箱主要用于出口类物品的运输包装;二类箱主要用于内销产品的运输包装;三类箱主要用于短途运输包装。

采用瓦楞纸箱作为外包装材料,成本相对较高,但码放整齐,同时便于外唛的标志。用于纺织品的外包装瓦楞纸箱一般为5层纸箱。

4. 编织袋 编织袋,俗称蛇皮袋,用聚丙烯纤维制成。它的承压、承拉的强度高,有时也用于纺织品的外包装。

(二)包装方式

这里的包装方式主要是指成品的内包装方式,包括卷装和匹装两种方式。

1. 卷装方式 卷装方式是指使用纸管做内芯,整匹布绕内芯进行卷装的方式。卷装方式的主要优点是面料的保形性好,面料在退卷之后,布面平整,不会出现折痕。大部分的非弹性机织面料都采用卷装方式,而对于弹性面料,特别是经向弹性面料来说,采用卷装包装则不太合适。主要因为面料在打卷时,经向张力会出现波动,容易导致面料内形成应力,面料退卷后,面料颜色易出现局部差异,面料厚度有时也会出现偏差。

2. 匹装方式 匹装方式是指每匹布以一定的宽度进行折叠的包装方式。匹装方式的优点是包装方便。缺点是在面料的折叠处会形成颜色折痕,同时折叠处也会对织物弹性有影响。对于弹性面料来说,一般采用匹装方式。

(三)包装标志

面料在包装完毕后,为了便于运输及收货,需要在内包装和外包装上刷制一定的包装标志,内包装上的标志一般称为内唛,外包装上的标志称为外唛。

1. 内包装标志 内包装标志出现在每一卷面料上,一般包括面料的幅宽、颜色、批号、卷号及匹长。另外,内包装标志也会因为境外客户的要求而不同,如有些客户会要求将自己的注册商标也作为内包装内容。

2. 外包装标志 包装标志的内容主要包括运输标志和指示性、警告性标志。

其中运输标志(Shipping Mark)俗称唛头。它的主要内容有收货人及/或发货人名称的代用简字或代号、简单的几种图形;目的港或目的地名称;批号、颜色、米数和箱号等。

在外包装上,除唛头外往往还根据商品的性质刷上一些指示性和警告性的标志(Indicative and Warning Marks)以促使搬运人员及开箱拆包人员的注意,保障货物和操作人员的安全。在纺织服装产品的外包装上,常印上"小心轻放(Handle With Care)"、"请勿用钩(Use No Hook)"、"保持干燥(Keep Dry)"等。除了文字标志外,还常用简单、醒目、易懂的图样以补文字标志的不足。

在外包装上一般还印上包件的毛重、净重及尺寸(长×宽×高),如Gross Weight 108kg,Net Weight 100kg,Measurement 2cm×28cm×17cm。

(四)包装要求

1. 出口纸箱包装要求

(1)外箱毛重一般不超过25kg。单瓦楞纸板箱,用于装毛重小于

7. 5kg 货物；双瓦楞纸板箱，用于毛重大于 7. 5kg 货物。

(2)纸箱的抗压强度应能在集装箱或托盘中，以同样纸箱叠放到 2. 5m 高度不塌陷为宜。

(3)如产品需做熏蒸，外箱的四面左下角要有 2mm 开孔。

(4)出口去欧洲的外箱一般要印刷可循环回收标志，箱体上不能使用铁钉(扣)。

2. 塑胶袋包装要求

(1)PVC 胶袋一般是被禁用的。

(2)胶袋上要有表明所用塑料种类的三角形环保标志。

(3)胶袋上印刷"PLASTIC BAGS CAN BE DANCEROUS. TO AVOID DANGER OF SUPFFOCATION, KEEP THIS BAG AWAY FROM BABIES AND CHILDREN."胶袋上还要打孔，每侧打一个，直径 5mm。

(五)包装条款

包装成本将计入纺织品成本中，包装条款是重要的交易条件。合同中包装条款的内容一般包括包装材料、包装方式和每件包装中所含物品的数量或重量。按国际贸易习惯，唛头一般由卖方决定，并无必要在合同中作具体规定，但如买方要求在合同中作具体规定，则必须按合同规定的要求刷唛。若买方要求在合同订立以后由其指定唛头，则应规定指定的最后期限，并订明若到时尚未收到有关唛头通知，卖方可自行决定。

六、文件资料整理

(一)生产及原料采购合同整理

跟单员需要对生产合同和原料采购合同进行整理。每个供应商、每一季度一个文件夹，每个文件夹都要按照时间顺序进行排列，时间久的合同放在下面。这样便于对近期合同进行查找。对于已经完成的合同最好与正在进行的合同分开，或者用分页纸分开，以便查找。

为了便于查找，需要跟单员在每个文件夹首页附上整个文件夹中所有合同的明细(List)，具体见表 4 - 17 和表 4 - 18。通过首页表格，在需要的时候可以很容易地找到所要的合同。

表 4－17　文件夹首页生产合同明细

合同号	供应商	PO 号/款号	客　户	大货数量(m)
LX08001	利好面料厂	54781/PL8542	PL	1250
LX08002	利好面料厂	67829/JR680012	JR	4510
LX08003	利好面料厂	55581/PL8544	PL	3520
LX08004	利好面料厂	758/8SS94	TJ	5400

表 4－18　文件夹首页辅料采购合同明细

合同号	供应商	原料明细	所用 PO 号	对应客户	订单数量
CY6521	××纱厂	18.2tex(32 英支),100% 棉	7849	PL	2500m

(二)质检资料整理

跟单员要及时整理相关客户的质检资料,包括中期检验和后期检验的质检报告。这对于跟单员及时准确地掌握订单质量情况有很大的帮助。

质检报告也要按客户和时间进行归档。如果以后出现客户投诉,可以拿出当时的质检报告进行核对,以找到问题所在。

第三节　常见问题及处理

订单执行期主要涉及生产方面的工作,作为外贸跟单员需要把握生产进度,并督促生产企业做好质量控制。在工作中,由于跟单员不太了解实际生产过程,难免会遇到一些问题。本节简单列出了几项生产跟单员和外贸跟单员在订单执行期中,遇到的常见问题及处理办法。

一、生产合同中出现的问题及处理

生产合同中包含的条款比较多,合同双方都应该认真审核,避免出现不利于己方的条款或者遗漏某些条款。作为客户方的外贸跟单员主要是确保合同所附的产品要求和技术标准无误,并且全面,不能因为不了解生产,而让生产企业钻了空子;作为供应商方的生产跟单员除了注意合同无误外,还要面对合同签订后,客户又要求己方修改订单的问题。

1. 遗漏合同条款 对于自己不熟悉的产品,外贸跟单员一定要全面了解产品的要求,避免生产合同中对产品的要求出现遗漏的情况。如一些产品需要后整理(牛仔布的水洗整理),一定要在合同中作出相应的具体规定(如牛仔布要退浆后水洗)。如果跟单员在签订合同后,才发现遗漏某些条款,将非常难处理。跟单员需要与生产企业协商,看能否取得谅解;如果不能的话,跟单员需要立即联系国外客户,确认不经过此处理的面料是否影响到服装的效果;如果客户也不同意取消此处理的话,跟单员就只能在加价的基础上,让生产企业加上此处理过程了。

2. 产品价格 作为外贸跟单员一定要熟悉生产企业的报价方式,经销价格、双经销价格及加工价格有很大不同。经销的价格最高,其次是双经销,加工价格最低。跟单员在要求生产企业报价时,要说明报价方式。

另外,由于不同的报价方式下,生产企业要求开的发票也不太一样。特别是双经销方式下,有些印染企业为了增加销售额,需要开成品发票,而不是单纯的加工费。跟单员在接受报价时,也需要考虑到这些问题。

3. 修改订单中产品规格 生产企业有时会遇到客户修改订单中产品的规格(如颜色或花型),这有可能是因为客户在签订合同时一时疏忽造成的,也可能是因为国外客户要求修改产品规格。

这是生产跟单员最不愿遇到的问题,需要及时通知生产车间,取消原有产品的生产;如果产品已经部分生产出来,需要与客户协商,征求客户的处理意见。对于新增加的产品,需要立即安排打样,并交给客户批复,同时与客户协商延长交货期。

4. 修改订单交货期 生产企业有时会因为各种原因，导致订单产品难以按时交货，关于这方面的原因，第二节中已经有所介绍。如果遇到这种情况，生产跟单员就需要与生产计划人员协商，看能否对生产计划做局部调整，尽量先生产自己负责的订单产品。如果生产计划人员难以做到的话，生产跟单人员就要考虑将自己的部分产品的生产通过合作工厂来完成了。

二、原料采购过程中的常见问题及处理

原料采购主要是由生产企业的采购部门负责的，生产跟单员协助处理。在原料采购过程中，也会遇到问题。这里只介绍下纱线颜色与客户确认颜色存在色差的问题。

当纱线颜色与客户确认颜色存在色差的时候，需要跟单员与工厂质检主管协商，但以质检部门的意见为准，因为质检部门比跟单员专业性更强，但跟单员也需要提出自己的意见。如果两者存在严重分歧的话，就需要部门主管一起讨论，综合公司及客户各方面的利益得出最终的解决办法。一般来说，可以分为两种情况分别对待。

(1)对于色差不严重的，经大家一致确认，色差在公差范围之内的，可以放行，但质检部门需要给出色差的级别并做好记录。

(2)对于色差较为严重的，就需要跟单员与客户协商，给客户寄些大货样，让客户确认是否愿意接受。如果不愿意的话，是否可以接受打折处理。一般来说，跟单员要尽量说服客户接受。如果客户因为色差原因拒绝收货，那么就需要与工厂进行协商索赔事项等。

三、生产质量跟单过程中的常见问题及处理

生产质量跟单非常重要，生产质量能否满足国外客户要求，也是能否交货的关键。

1. 面料的测试结果不能达到客户的要求 在大货面料的测试中，经常有一项或几项不能通过客户的测试要求。有些情况下，是因为客户要求的标准较高，有些情况是因为生产企业的操作有问题。跟单员需要具体情

况具体分析,并与生产企业协商,一起解决。如果面料的缩水率过大或为正数,则面料需要重新整理定型、预缩或拉幅,直到达到客户要求;如果面料的色牢度不好,跟单员需要与生产部门沟通是否能加固色剂或重新皂洗洗去浮色;如果接缝滑移不能达到客户要求,则需要加入抗滑移整理剂重新整理等。

当然,测试有时也有偶然性,如果本工厂的实验室测试结果能通过,而第三方的测试不能通过,也可以重新提供样品对测试没有通过的项目重测。如果因为面料的特性而不能通过测试,跟单员就要和客户解释取得客户的认可。如有些面料的克重比较轻,纱线线密度比较细,则强力就可能达不到客户的要求范围,这就需要跟单员与客户协商,看能否降低一下强力标准。

2. 客户到工厂验货的要求 有些客户对某批面料的要求非常严格,而且又是初次合作,这样的客户就可能会提出亲自到工厂验货的要求。这种情况下,跟单员不要只是通知生产企业,就让客户独自去验货了。跟单员最好能够陪同客户验货,这样有助于对客户在验货过程中提出的面料问题及时解决,尽量不耽误面料的交期。如果客户发现面料含异型丝较多,跟单员应该马上让工厂修布工和检验员尽快挑出异丝重新检验;如果客户发现面料表面接头太多,跟单员要让修布工把接头修到面料的背面;对于不能修补的面料疵点,如破洞,需要在布边做好标记,并让给客户一定的长度,一般一个疵点送 20cm 面料。

3. 面料大货出来后发现有边中色差,前后色差问题 这类问题的出现有很多原因,如选用的染料、染色设备、烘干、皂洗及后整理都可能导致色差的产生。色差一旦出现就很难修正。在验货过程中,发现色差比较严重的面料应该作为次品降等处理。对于色差不太严重的面料,跟单员应该与客户沟通,询问这批面料用于制作什么类服装?能否使用避色差排版剪裁?如果可以的话,需要增加多少耗料?对于关系较好的客户,如果色差能够接受的话,通过协商,客户会接受这批面料的。在客户接受面料的情况下,生产企业就需要承担客户提出的多余损耗。如果生产出的部分服装还存在色差,那就需要派修色人员修服装,以保证客户的产品顺利出货。

第四节　总　结

本节以案例形式再次回顾了面料生产企业与客户签订生产合同后，从织造到成品的整个流程，并简单回顾一下跟单员在整个流程中的基本工作。

（1）根据客户所购面料的数量，计算出原料用量。然后下达采购通知单给原料或采购部门，采购纱线。对采购到的原料进行检验，以确保纱线的质量和颜色符合客户的要求，同时，采购数量能满足订单的要求。

（2）下达生产通知单给面料生产织造部门。原料到达工厂后，跟单员与生产部门核实生产周期，督促监督生产在规定时间内完成。

（3）坯布了机后，对坯布的质量和数量进行了解，如果坯布质量不好，疵点较多，就要对损耗作出调整，增加坯布。坯布修补检验完成后，做好入库工作，并准备下一个工序的使用。

（4）在坯布进行织造准备时，跟单员下达生产指示书给染色生产计划部门，根据面料完成日期做好生产计划。

（5）坯布前处理完成后，根据客户确认的颜色小样，作出产前样，查看染色效果。如果染色效果与客户确认的颜色小样不同，则需要调整染料的配方直到和客户确认的小样颜色相同，染料配方确定后进行大货生产。

（6）头匹样出来后，在自己工厂的实验室进行大货的测试，检查物理性能和色牢度能否达到客户要求，如果其中有的项目达不到，在生产中要做出相应的调整。

（7）大货完成后，根据色光的不同，分批差（LOT 色）。并寄给客户确认，同时按客户要求提供大货面料到客户指定的测试机构进行测试。

（8）大货颜色、品质确认后，通知客户验货。

（9）大货验收后，给客户码单，让客户安排付款，货款根据合同规定的结算方式结算。

（10）安排出货。

第五章　订单完成期的跟单工作

本章主要内容

1. 简单介绍了国际货物的运输与保险、货款支付等基础知识。
2. 从备货、商检和报关等多个方面详细阐述了订单完成期的基本工作内容。
3. 简单介绍了订单完成期遇到的常见问题。

第一节　相关基础知识

货物在检验合格后，需要运输到客户指定地点，进行交付，然后是货款的回收。当然，中间还有很多国际贸易部门要做的工作，如商检、报关等。由于这些工作大多由外贸公司的进出口部的相关人员进行操作，所以本节主要介绍与跟单员有关的工作。

一、国际货物的运输与保险

（一）国际货物运输

与国内贸易相比，进出口货物路途远、环节多，运输风险也较大。这就要求跟单员了解国际货物运输的方式与保险等方面的内容，以便于在货物验收过关后对运输进行合理的安排，使货物及时、准确地交付给客户。

1. 运输方式　进出口商品的运输方式很多，有海洋运输、铁路运输、航空运输、邮政运输和国际多式联运等。具体某订单的商品以什么方式运输是由订单双方在下订单前确定的，当然订单执行过程中，也可能因为交货期等原因临时改变运输方式，如由海运改为空运。主要的运输方式及特征见表5-1。

表5-1 国际货物运输方式及特征

运输方式	描述
海洋运输	利用船舶进行货物运输的一种方式。可分为沿海货物运输和国际海上货物运输
航空运输	利用飞机进行现代化货物运输的一种方式。航空运输包括国内航空运输和国际航空运输，国际贸易中的航空运输专指国际航空运输
铁路运输	分为国际铁路货物联运和国内铁路运输。前者是一种使用一份统一的国际联运票据，由铁路部门负责办理两个或两个以上国家铁路全程运送货物的运输方式；后者指仅在本国范围内，按国内铁路部门对货物运输规则和计价来办理的货物运输
公路运输	是以汽车为运载工具，实践货物作跨地区或跨国界的移动的一种运输方法。公路运输既是一个独立的运输体系，也是一个连接水陆运输、航空运输、铁路运输始端和末端集散物资的不可缺少的运输方式
国际多式联运	依据一个多式联运合同，采用两种或两种以上的运输方式，由国际多式联运经营人把货物从一国境内运到另一国境内指定交付货物地点的运输方式
邮政运输	是一种按邮政局规定，向邮局办理商品包裹投寄手续，并取得邮包收据，即完成了交货义务的一种运输方式
集装箱运输	是一种将零散的货物合并装入具有一定规格和强度的专为周转而使用的大型货箱进行集中装运的一种现代化运输方式

2. 海洋运输 按照船舶经营方式的不同，海洋运输可以分为班轮运输（Liner Transport）和租船运输（Shipping by Chartering）两种方式。

（1）班轮运输：班轮运输亦称为定期船运输，是指班轮公司将船舶按事先制定的船期表，在固定航线的各挂靠港口之间往返运输的一种营运方式。班轮运输的运费一般按运价表或协议运价来收取。目前，集装箱班轮运输是最普遍采用的运输方式。

①班轮船期表（Liner Schedule）：班轮船期表是由班轮公司自行颁布的关于航期、航行路线、挂港和载量的公开船期信息，一般包括航线名称、船名、航次

编号、始发港名、中途港、终点港，到港时间和离港时间，以及其他有关事项等。

②班轮运费(Liner Height)：班轮运费是班轮公司运输货物所收取的费用，由基本费用和附加费两部分构成。基本费用是指货物从装运港到卸货港所应收取的基本运费，一般用单位重量或单位体积的运价乘以运量就可以得到。

运输附加费是运费不可分割的一部分。班轮运价是按照班轮运价表和协议运价计收，运价在一定时期内相对稳定。但是实际影响运价的因素在一定时期内并不稳定，如油费涨价、汇率波动、码头拥挤等，因此班轮公司为了应对航运市场的这些变化，不固定地推出各种运输附加费。常见附加费有燃油附加费(BAF)、货币贬值附加费(CAF)、应急燃油附加费(EBS)、港口附加费(PSC)、港口拥挤费(PCS)、转船附加费(TSC)、超长附加费(LSC)、超重附加费(WSC)和旺季附加费(PSS)等。

③班轮运费的计收标准：

(a)按货物的实际毛重，又称重量吨(Weight Ton)计收，运价表中用W表示。国际上以公吨(Metric Ton，缩写为M/T)为计费单位。

(b)按货物的体积容积，又称为尺码吨(Measurement Ton)计收，运价表中用M表示。国际上以立方米(Cubic Meter，缩写为M^3)为计费单位。

(c)按货物的价格计收，又称为从价运费，运价表内用AV或Ad. Val表示。从价运费一般以出口FOB总值按一定的百分率收费。

(d)按货物的件数计收，运价表内用PCS表示。如装运卡车按照车辆数、活牲畜按头计收运费。

(e)按毛重和体积中较高一项来计算运费，运价表内用W/M表示。按货物重量或尺码从高计收。

(f)临时议定运价(OpenRate)。

(2)租船运输：租船运输是另一种海洋运输方式，既没有固定的船舶班期，也没有固定的航线和挂靠港，而是按照船源和货主对货物运输要求，由货主和租船公司洽谈租金、安排船舶航行计划、组织货物运输的一种运输方式。因此，租船运输又称为不定期船运输。

目前，国际市场上主要有程租、期租和光船租船三种租船方式。

①程租(Voyage Charter)：程租就是按航程租船。由船舶按租船合同，按时抵达装货港口，装载合同项下一定数量的指定货物，驶抵合同指定的

卸货港口卸下货物，完成整个航程的运输任务。

程租的基本形式是单程。如果程租的航次数是若干个，称为连续航次程租，又可以细分为连续几个单程航次的连续单航次程租和完成一个来回航次的往返航次程租，以及连续完成几个来回的连续往返航次程租。

②期租（Time Charter）：期租就是定期租船，是船东把特定的船舶，按照合同的约定，出租给租船人使用一定时期的租船方式。在此期限内，由租船人自行调度和经营管理，按月或按日计算租金。

③光船租船（Bare - boat Charter）：这种租船方式下，船东在租期内只提供一艘空船给承租人使用，由租船人配备船员、提供工资给养、负责营运管理和航行各项事项，以及其他营运费用。船舶所有人在租期内只有收取租金，对船舶没有支配权。这种光船租船的方式实质上是一种财产租赁方式。

（3）海运提单（Bill of Loading，B/L）：海运提单是证明海上货物运输合同和货物已由承运人接收或装船的单证，它也是承运人交付货物的凭证，承运人可以根据提单中的记名人交付货物，或者按照指示人的指示交付货物，或者向提单持有人交付货物。

从外贸业务和运输业务看，托运单与提单一样，都是证明运输合同的单证，它们共同成为托运人与承运人之间责任、费用、风险等划分的依据。因此，提单的内容是根据托运单内容而缮制的，主要包括货物描述、件数、体积、重量、提单签发人、签发日期、签发地点及签发份数等。另外，提单是银行结汇文件中最重要的文件。买卖双方的交货收款和收货付款，都借助于能同时代表物权和债权的提单。同时，提单也是货主和货代之间，货代和承运人之间支付和收取运费的凭证，也是互相在经济上制约的有效文件。最常见的提单种类见表5－2。

表5－2 提单种类

分类依据	提单种类	英文名称
按表现形式	纸质提单	Bill of Lading，B/L
	电子报文提单	Electronics B/L
按货物是否已装船	已装船提单	On Board B/L
	收货待运提单	Received for Shipment B/L

续表

分类依据	提单种类	英文名称
对货物外包装状况有无承运人批注	清洁提单	Clean B/L
	不清洁提单	Unclean B/L
按提单收货人一栏记载	记名提单	Straight B/L
	不记名提单	Open B/L
	指示提单	Order B/L
按不同的运输方式	直达提单	Direct B/L
	转船提单	Transhipment B/L
	多式联运提单	Combined Transport B/L
按提单签发人	船公司提单	Master B/L
	无船承运人提单	NVOCC B/L
	货代提单	House B/L
按提单签发时间	预借提单	Advanced B/L
	倒签提单	Anti - date B/L
	顺签提单	Post - date B/L

3. 航空运输 航空运输主要是利用飞机进行现代化货物运输的一种方式。一般国际贸易中的航空运输指国际航空运输。与海洋运输等其他运输方式相比,航空运输的优势是运送速度快;不受地面条件限制、空间跨度大、安全性好;运输货物质量好、破损率低、可节省出口企业的包装费用等。但缺点就是运价比较高;受到舱门、机舱、地面承受力等限制,载量比较小。

与海洋运输有海运提单一样,航空运输也有相应的凭证,即航空货运单(Air Waybill)。航空货运单简称空运单,是指托运人或托运人委托承运人或其代理人填制的,托运人和承运人之间为在承运人航线上承运托运人货物所订立运输契约的凭证。空运单是办理货物运输的依据,是货物运费结算的财务票证,是保险的证明,也是货主银行结汇文件之一。

(二)国际货运保险

由于国际贸易货物运输需要经过跨国家和地区的长途运输,运输过程中可能会受到自然灾害、意外事故而造成损害。因此,为了减少风险带来的损失,需要对国际货物投保运输险,如果发生意外情况,保险公司会按投保金额进行损失赔偿。下面简单介绍下海洋运输保险和航空运输保险。

1. 海洋货物运输货物保险 海洋运输是国际贸易货物运输的主要方式,因此国际贸易货物运输保险也以海运险为主要险种。由于海运险历史悠久,发展成熟,所以陆上、航空等其他运输险是在海运险基础上发展起来的,在一些基本内容上,陆运险、空运险、邮包险与海运险是相似的。

(1)中国保险条款海运货物保险的主要险别:我国海洋运输保险条款将承保的风险分基本险和附加险两种。基本险又分为平安险、水渍险和一切险。

①平安险(Free From Particular Average,简称为 FPA):平安险的责任范围是海运险中最狭小的一种,其承保范围为被保险货物在运输途中由于自然灾害造成整批货物实际的全损或推定全损;由于运输工具遭受意外事故,而造成的货物的全部或部分损失;在装卸或转运过程中,由于一件或数件货物丢失而造成的部分损失;运输工具遭遇海难后,在避难港由于卸货所引起的损失,以及在中途港、避难港由于卸货、存仓以及运送货物所产生的特别费用等 11 种险。

②水渍险(With Particular Average,简称为 WA 或 WPA):水渍险的承保范围包括了平安险加上上述列举的自然灾害造成的部分损失。

③一切险(All Risks):包括水渍险的责任范围加上货物在运输途中由于外来原因所造成的全部或部分损失。它是平安险、水渍险和一般附加险的总和。

此外,中国人民保险公司还规定了七种特别附加险和三种特殊附加险。附加险必须在投保基本险之一后才能加保。

(2)航空货物运输保险:与海洋运输货物保险一样,航空运输货物保险也分为基本险和附加险两种。基本险又包括下列两种。

①航空运输险(Air Transportation Risks):保险公司负责赔偿被保险货物在运输途中遭受雷电、火灾、爆炸,或由于飞机遭受碰撞倾覆、坠落或失踪等意外事故,所造成的全部或部分损失。

②航空运输一切险(Air Transportation All Risks):保险公司的承保范

围除包括航空运输险的全部责任外，还对被保险货物在运输途中由于偷窃、短少等外来原因，造成的全部或部分损失。

2. 保险单的种类 保险单是赔偿权的证明文件，是一种潜在的利益凭证。保险单经过背书后，还可以随货物所有权的转移而进行转让。这里介绍我国进出口业务中经常使用的三类保险单，即保险单、保险凭证和预约保险单。

(1)保险单(Insurance Policy)：保险单又称大保单，是保险人与被保险人之间订立的正规保险合同。保险单的正面印制了海上保险所需的基本事项，包括被保险人和保险人名称；保险标的名称，数量、包装；保险金额、保险费率和保险费；运输工具开航日期、装运港和目的港；承保险别；检验理赔人或代理人名称；赔款偿付地点；合同签订日期等内容。而保险单的背面则列明了一般保险条款，规定保险合同双方权利和义务等方面的详细条款。保险单是贸易实务中使用得最多的一种。

(2)保险凭证(Insurance Certificate)：保险凭证又被称为小保单，实质上是一种简化的保险单。保险凭证正面所列内容与海上保险单是一样的。但是，其背面是空白的，没有载明保险条款，而在正面声明以同类海上保险单所载条款为准。由于单据的规范化要求，小保单逐渐被大保单所取代，现在实际业务中已经很少使用。

(3)预约保险单(Open Policy or Open Cover)：预约保险单又称开口保险单，又称预保合同，是一种长期的、包括性的保险合同。合同中规定承保货物的范围、险别、责任、费率、赔偿处理等项目。它一般适用于经常有相同类型货物需要陆续装运的保险。这种事先预约的保险合同在我国的货物进出口中广泛适用，特别是我国进口货物基本上都采用预约保险单。凡属于领约保险合同中约定的运输货物，被保险人在每批货物出运后，要向保险人申报，保险人再签发保险凭证。

3. 保险金额和保险费

(1)确定保险金额：保险金额是根据保险合同规定，保险公司承担赔偿或给付保险金责任的最高限额。保险金额由投保人根据保险价值在投保时间向保险公司申报，由保险人与被保险人约定，保险金额不得超过保险价值。保险价值一般包括货价、运费、保险费和预期利润。根据 INCO-

TERMS 2000,最低保险金额须为合同规定的价款加10%(即110%),并以合同货币投保。

(2)保险费率和保险费

①保险费率:保险费率是指按保险金额收取保险费的百分率。保险费率是由保险人根据保险标的的危险性大小,损失率高低等因素,按照公平合理、保证偿付的原则制订的。商品品种、运输线路、运输工具、投保险别及货物目的地的国别(地区)不同,保险费率也不同。如远洋航线中的普通商品,其保险费率比较低;对于那些远洋航线中的特殊商品,则保险费率比较高。

②保险费:保险公司收取的保险费的计算方法如下。

保险费 = 保险金额 × 保险费率

= CIF(CIP)价 ×(1 + 投保加成率)× 保险费率

二、国际贸易结算工具与结算方式

国际贸易结算(International Trade Payment)是指通过货币的收取和支付来结算国际贸易中产生的债权债务。国际贸易结算有货币、汇票、本票和支票四种基本工具。其中,汇票、本票和支票称为国际贸易结算票据。随着票据的产生和广泛应用,现在的国际贸易结算一般为票据结算,只有小额产品或样品的情况下,可能使用货币结算。国际贸易结算中,除了约定贸易双方使用的结算工具外,还要约定双方使用的结算方式。国际贸易的结算方式主要有汇款、托收、信用证、银行保函等。

(一)国际贸易结算工具

1. 汇票 汇票(Bill of Exchange)是国际贸易中最常用的结算工具。是一人向另一人签发的无条件书面命令,要求其在某个确定的时间,对某人或某指定人或持票人支付一定金额的款项。汇票在英文中除了可以表述为Bill of Exchange外,还可以表述为Bill、Exchange和Draft等。

(1)汇票的内容:一张汇票应该包括一些固定的内容,其中包括无条件支付命令、出票人签章、受票人名称、收款人名称、确定的金额、出票日期、付款期限、出票地点和付款地点。

(2)汇票的当事人:汇票在使用过程中会涉及很多当事人,主要包括出票人、受票人和受款人。

①出票人(Drawer):出票人是签发汇票的人,在进出口贸易中通常是出口商或其委托的银行。在汇票被承兑之前,出票人是主债务人;在汇票被承兑之后出票人变为次债务人,承兑人成为主债务人。

②受票人(Drawee):也称为付款人(Payer),是接受汇票并支付票款的人,通常是进口商或其指定的银行。

③受款人(Payee):也称收款人,是收取汇票的人。可以是出票人本人,一般是出口商,也可以是其指定的银行或指定的人。

④背书人(Endorser):背书人是指在汇票背面签字,并将汇票交付给另一人的当事人。接受该汇票人就被称为被背书人(Endorsee)。

⑤承兑人(Acceptor):付款人同意接受出票人的命令并在汇票正面签字,就成为承兑人。

⑥持票人(Holder):持票人就是指持有汇票的当事人。

(3)汇票的使用:汇票的使用过程中涉及多个环节,包括出票、提示、承兑和付款等行为,其中出票是主票据行为,其他行为都是以出票为基础而衍生的附属票据行为。

①出票(Issuance):出票是指出票人签发汇票并交付受款人的票据行为。签发汇票即在汇票上填写受票人(付款人)、付款金额、受款人等事项,并签名。出票人签发汇票后,对持票人保证该汇票承兑和付款担保责任。受款人成为持票人享有票据权利。

②提示(Presentation):提示指受款人或持票人(holder)将汇票提交付款人,要求其付款或承兑的行为。提示包括承兑提示和付款提示两种行为。对于远期汇票来说,付款人应办理承兑手续,在汇票到期日付款,这称作承兑提示;即期汇票则要求汇票提示后,付款人见票应立即付款。

③承兑(Acceptance):承兑是指付款人承诺对远期汇票承担到期付款责任。付款人在汇票正面写明承兑的字样,注明承兑日期并签名,将汇票交还持票人。此时付款人成为承兑人,承担汇票付款责任。

④付款(Payment):付款指在持票人提示后,或付款人承兑后,立即或在汇票到期日支付票据金额。付款过程包括三步,持票人提示付款、付款人审查、付款人付款(或拒绝付款)。付款人在付款后收回票据,汇票上的

一切债务责任即告结束。

⑤背书(Endorsement):背书是指汇票的持票人(背书人)将收款的权利转让给他人。背书时持票人或受款人在汇票的背面签上自己的名字,签字人就是背书人(endorser),或写上被转让对象的名字,转让对象就是此汇票的转让人或被背书人(endorsee),然后将汇票交给被背书人。背书是转让票据权利,背书人将票据权利转移至被背书人,被背书人成为票据权利人。

⑥追索(Recourse):如果付款人拒绝付款或拒绝承兑,此汇票被拒付(Dishonour)。此时,持票人有权向其前手直至出票人进行追索。持票人行使追索权前,应该取得拒绝证明、退票理由书和其他合法证明。

(4)汇票的种类:根据不同情况,汇票可以分为不同的种类,具体分类见表5-3。

表5-3　汇票种类

分类依据	汇票种类	含　　义
汇票出票人	银行汇票(Banker's Draft)	指出票人为银行的汇票
	商业汇票(Trader's Draft)	指出票人为个人或公司的汇票
汇票承兑人	银行承兑汇票(Banker's Acceptance Bill)	指经过银行承兑的远期汇票
	商业承兑汇票(Trader's Acceptance Bill)	指由公司承兑的远期汇票
汇票付款期限	即期汇票(Sight Bill or Demand Draft)	注明即期付款的汇票,也称见票即付汇票
	远期汇票(Time Bill, Usance Bill or Tenor Bill)	规定付款到期日为将来某一天或某一可以确定日期的汇票。它又可分为定日付款汇票、出票后定期付款汇票、见票后定期付款汇票和在其他事件发生后定期付款汇票四种情况
汇票有无附属物权单据	光票(Clean Bill)	指不附带任何装运单据的汇票
	跟单汇票(Documentary Bill)	指附带装运单据的汇票

2. 本票　本票(Promissory Note)是指出票人签发的,承诺自己于见票

日或指定到期日向受款人或其指定人或持票人无条件支付确定金额的书面承诺。进出口贸易中一般由企业或个人出票所签发的本票,称为商业本票。本票实际上是出票人与付款人是同一个人的票据,无需承兑。

3. 支票 支票(Check/Cheque)是指出票人签发的,委托办理支票存款业务的银行或其他金融机构在见票时无条件向某人或其指定人或持票人支付确定金额的票据。支票的出票人必须保证在付款银行有存款,且不少于票面金额。支票有记名支票、持票人抬头支票、划线支票、保付支票和旅行支票等。

(二)国际贸易结算方式

1. 汇付 汇付(Remittance)也称汇款,是指付款人主动通过银行或其他途径将贷款汇交收款人。它是买卖双方支付货款的一种最简便的方式。

(1)汇付方式的当事人:汇付方式一般有四个当事人,即付款人(Remitter)、收款人(Payee or Beneficiary)、汇出行(Remitting Bank)和汇入行(Paying Bank)。

①付款人又称汇款人,是指委托银行付出款项的人。在国际贸易中通常是进口商。

②收款人是指收受款项的人,通常是出口商,是汇付业务的受益人。

③汇出银行是接受汇付人委托办理汇出款项的银行。

④汇入银行是接受汇出行委托,办理解付汇款给收款人的银行。

(2)汇付的种类及操作:根据汇付委托书传递方式的不同,汇付可分为电汇、信汇和票汇三种方式。

①电汇(Telegraphic Transfer,简称为T/T):进口方请求本地汇入银行通过电讯方式委托出口方所在地的汇出行付款给出口方。以此方式汇付出口商能快速收汇。目前,银行一般都是采用SWIFT(Society for Worldwide Interbank Financial Telecommunication 环球银行金融电讯协会)电报操作汇款。

②信汇(Mail Transfer,简称为M/T):汇款人将货款交给本地汇出行,请该行以航空信函或快邮方式委托国外汇入行向收款人付款。信汇是传统的汇付方式,其费用低廉,但收汇比较慢。

③票汇(Remittance by Demand Draft,简称为D/D):汇款人向本地银行

购买银行即期汇票,并直接寄给收款人,收款人凭汇票到指定银行取款。票汇方式的特点是取款方便、手续简单,缺点是容易被做假。

④汇付操作的一般程序:进口商与出口商签订贸易合同,规定以汇付方式支付货款;然后,汇付人填写汇付申请书,向汇出行提出汇付申请;汇出行接受申请,指示汇入行付款;最后,汇入行将款项付给出口商。

(3)汇付结算的形式:汇付结算是有风险的,汇付结算的风险取决于不同的结算形式。主要有如下三种结算形式。

①预付货款(Payment in Advance):预付货款在外贸行业内俗称为“前T/T”,是指进口商(付款人)将货款的全部或部分通过银行汇给出口商(收款人),出口商收到款项后,根据双方签订的合约,在一定时间内将货物运交进口商的结算方式。预付货款对出口商有利。出口商在发货前收到货款,不用占用本方资金,同时收款后再发货,降低了贸易风险。而对进口商而言则刚好相反,他不仅要承担货物不能按时按量按质收到的风险,货物到手前付出货款也造成了资金周转困难和利息损失。因此,预付货款通常并不多见。

②货到付款(Payment after Arrival Of the Goods):货到付款在外贸行业内俗称为“后T/T”,是指进口商(付款人)在收到出口商(收款人)发出的货物之后才按合同规定支付货款的方式。此方式实际属于赊销交易(Open Account Transaction,简称为O/A),或延期付款(Deferred Payment Transaction)。

货到付款对进口商有利。如果货物未到或货物与合同规定不符,进口商有权不予付款,进口商由此在整个交易中占据主动地位,风险性很小。另外,进口商在收到货物后,有时甚至是出售货物后再付款,缩短了资金占用,节省了利息。而出口商则要承担交易风险,还造成了一定的资金积压。

③部分预付货款部分货到付款:考虑到风险均等的原则,进出口双方往往采用部分预付货款部分货到付款的折中处理办法。在实践中,“30%预付货款,70%货到付款”的汇款结算方式较为常见。

由于出口商交货后能否收到货款取决于进口商的信用,而进口商是企业公司,因而汇款的信用基础是商业信用。

2. 托收 托收(Collection)是指出口商开具以进口商为付款人的汇

票,连同有关商业单据(如提单、发票和保险单等)一起委托当地银行通过进口地银行向进口商收取货款的方式。进口商一般只有付款之后才能取得商业单据,进行提货。随着进出口贸易的竞争加剧,出口商为扩大出口多采用托收方式结算,使用此方式结算的企业越来越多。

(1)托收方式的当事人:托收方式一般有四个当事人,即委托人(Principal)、托收行(Remitting Bank)、代收行(Collecting Bank)和付款人(Payer)。

①委托人:委托银行办理托收业务的一方,通常是出口商。

②托收行:接受委托人(出口商)的委托代为收款的银行,通常在出口商所在地。

③代收行:接受托收行的委托,向付款人(进口商)收款的银行,通常在进口商所在地。

④付款人:向委托人(出口商)支付款项的人,一般为进口商。

(2)托收的种类和操作:国际贸易中的托收主要有光票托收和跟单托收两种类型。

①光票托收(Clean Collection):指出口商在收取货款时,仅凭金融单据(如汇票、本票、支票等),不随附任何装运单据。光票托收一般用于收取货款尾数、佣金、样品费用等。

②跟单托收:指附有商业票据的托收。国际贸易中货款的托收大多采用跟单托收。根据交单条件的不同,跟单托收可以分为付款交单、承兑交单和凭其他条件交单三种。

③托收的操作程序:出口商按合同规定装运后,向托收行提出托收申请,并递交有关单据、汇票;然后托收行接受申请,将托收委托书、有关单据、汇票等寄交代收行,委托代收款项;代收行按照托收委托书向付款人(进口商)提示汇票与单据;付款人(进口商)付款;代收行交单;代收行办理转账,通知托收行款已收妥;最后,托收行向委托人转账付款。

3. 信用证 信用证(Letter of Credit,简称为 L/C)是开证银行根据开证申请人的请求和指示向受益人开立的在一定金额和一定期限内凭规定的单据承诺付款的书面文件。信用证是出口商最希望利用的结算方式,它能为贸易活动提供融资,提供银行信用和保障交易的安全。

(1)信用证的作用及特点:信用证最主要的作用是让银行在结算中扮演担保的作用,它在买卖双方中加入了银行担任付款责任,即将商业信用转变成银行信用。在一定程度上解决了买卖双方之间互不信任的矛盾。尤其对出口商而言,这种结算方式大大增加了交易的安全性。信用证有如下三个特点。

①开证行负第一性付款责任。信用证支付方式是由开证行以自己的信用作出付款的保证,开证银行处于第一付款人的地位。不管进口商破产或拒付,只要单证相符,开证行必须付款。

②信用证是一项自足的文件。信用证条款虽然是属于买卖合同,但一经开立,它就成为独立于买卖合同以外的另一种契约,不受买卖合同的约束。因此,开证行和参与信用证业务的其他银行只按信用证所列条款办事。

③信用证方式是纯单据业务。信用证方式下,实行的是凭单付款的原则。银行处理信用证业务时,只凭单据,只要受益人所提交的单据与信用证条款相符,银行就会付款。并且,对信用证和单据的审查只是确定单据表面上是否符合信用证条款,而不管单据真伪。

(2)信用证的主要当事人:一张信用证的基本当事人六个,即开证申请人(Applicant or Opener)、开证行(Opening Bank or Issuing Bank)、通知行(Advising Bank)、受益人(Beneficiary)、议付行(Negotiating Bank)和付款行(Paying Bank)。除此之外,还有保兑行、转让行、承兑行等。

①开证申请人或开证人:是指向银行提出申请开立信用证的进口商。

②开证银行:是指接受开证申请人的委托,向出口商开立信用证并承担付款责任的银行。开证行一般在进口商所在地,并且是开证申请人的账户行。

③通知银行:指应开证银行的委托,将信用证转交给受益人(出口商)的银行。通知行一般在出口商所在地。通知行需要审核信用证的真实性和开证银行的资信状况。

④受益人:指信用证中指定的有权使用信用证并收取货款的人(出口商),是信用证利益的享用者或信用证权利的使用者。

⑤议付银行:指愿意接受受益人跟单汇票或单据,办理押汇业务的银行。议付银行可以是信用证指定的银行,也可以是非指定的银行。

⑥付款银行:是指信用证上指定的付款银行。如果信用证上没有指定

银行，则开证银行承担付款责任。

(3)信用证支付的一般程序：

①开证人申请开立信用证。

②开证行接受申请，并开出信用证。

③通知银行向受益人通知信用证。

④受益人发货后，备妥信用证所要求的所有单据向指定议付行（一般为出口地银行）交单。

⑤议付行审核信用证及单据，确认无误后，付款、承兑或议付。

⑥议付行向开证行寄单索偿。

⑦开证行审单后向交单行或偿付行付款。

⑧开证行通知申请人赎单。

⑨申请人审单后向开证行（或偿付行）付款赎单，持单向承运人提货。

(4)信用证的种类：根据不同的分类方法，信用证的种类也有所不同，而且种类非常多，纺织品贸易中常用的分类见表5－4。

表5－4 纺织品贸易中常见的几种信用证

分类依据	信用证种类	英文名称
按信用证所要求的附属单据是金融单据还是商业单据	光票信用证	Clean L/C
	跟单信用证	Documentary Credit
按开证行对其开出信用证所负责任	可撤销信用证	Revocable Credit
	不可撤销信用证	Irrevocable Credit
按信用证有无开证行以外的其他银行加以保证兑付	保兑信用证	Confirmed Credit
	不保兑信用证	Unconfirmed Credit
按受益人交单结算的方式	即期付款信用证	Sight Payment L/C
	延期付款信用证	Deferred Payment Credit
	承兑信用证	Acceptance L/C
	议付信用证	Negotiation L/C
其他	可转让信用证	Transferable Credit
	对背信用证	Back to Back L/C
	对开信用证	Reciprocal L/C

①光票信用证:是指不附带与物权有关的运输等商业单据,仅凭汇票付款的信用证。有的信用证要求附带非货运单据,如发票、垫款清单、受益人申明等。这种信用证因不需附交货运单据,进口商所负的风险较大,因此在一般的国际贸易结算中使用不多,主要被用于贸易从属费用、样品的货款结算、来料加工、补偿贸易中预付定金及非贸易结算等方面。

②跟单信用证:是指受益人在付款、承兑和议付时除开具汇票以外,还要随附商业单据的信用证。国际贸易结算中,使用的信用证绝大多数是跟单信用证。

③不可撤销信用证:开证银行开出信用证后,在信用证有效期间内,未经受益人或有关当事人(通知行、议付行)的同意,开证行不得随意修改信用证中的条款或撤销信用证。

与此相对的是可撤销信用证,因为可撤销信用证,开证行可以修改或撤销信用证,对受益人而言,交易安全性差,因此多数出口商都要求开立不可撤销信用证。凡信用证内未注明“不可撤销”字样的,均视为可撤销信用证,开证行随时可以提出修改或撤销,无需征得卖方同意。

④保兑信用证:开证行开出信用证后,请另一银行对其开出的信用证加以保证兑付。经过保兑的信用证称为保兑信用证,未经保兑的称为不保兑信用证。对信用证承担保证兑付义务的银行称为保兑行。保兑行承担第一付款责任,所以只有不可撤销信用证才能保兑。保兑信用证有双重付款保证,对出口商最为有利。但是保兑行要收较高的保兑费,有时还会根据开证行的资力情况收取保兑费。因此,信用证是否需要加保,需要贸易双方进行磋商,外贸公司只有在对开证行不太信任的情况下才使用此类信用证。

⑤承兑信用证:使用远期汇票的信用证。此信用证要求开证行或指定银行在收到信用证规定的汇票(均为远期)和单据时,先承兑,待汇票到期再付款。承兑信用证必须注明付款到期日。汇票期限一般是见单或出票或装船后若干天。

⑥议付信用证:规定由某一银行或任何银行都可议付的信用证。议付信用证均要求即期汇票,汇票的付款人可以是开证行、付款行、保兑行、通

知行,但不能是申请人。

⑦可转让信用证:受益人有权把议付的全部或部分金额转让给另一个或两个以上的人(第二受益人)使用。可转让信用证的第一受益人通常是中间商,而第二受益人(信用证所规定部分利益的让予者)则是实际的供货商。开立可转让信用证实际上是开证申请人同意另一个供货人向他供货。

⑧对背信用证:又称从属信用证,出口商接到进口商开来的信用证之后,以此作为抵押,再向出口地银行申请,按照原证条款转开一张信用证给货物来源地的出口商。两个信用证在出口地银行是“对背”信用证。此种信用证与可转让信用证一样,主要用于转口贸易业务。

⑨对开信用证:又称相互信用证,在对等贸易(如进料加工贸易)中,交易双方互为买卖双方,双方对其进口部分向对方开出信用证,这两个信用证称为对开信用证。此种信用证又分为同时生效的对开信用证和分别生效的对开信用证两种。前者是指两张信用证的生效时间相同,即相互结算时间相同;后者指受益人接受信用证可立即使用,无需等待另一方开出回头信用证。

(5)信用证的内容:信用证的内容就是买卖合同的有关内容、议付时需要的单据和银行付款保证。具体说来,主要有以下各项。

①信用证的当事人:包括开证人、开证行、受益人、付款行和议付行等。

②对信用证本身的说明:如信用证的编号、种类和开证日期等。

③信用证金额与汇票条款:金额或汇票金额、出票人、付款期限及其确定办法和出票条款等。

④装运期限、交单期限和有效期限和到期地点。

⑤单据条款:主要规定应提交哪些单据(如发票、提单、保险单、装箱单、重量单、产地证、商品检验证书等);各种单据的份数;这些单据应表明的货物的名称、品质规格、数量、包装、单价、总金额、运输方式、装卸地点等。

⑥特殊条款:根据进口国政治、经济和贸易情况的变化,或每一笔具体交易的需要,做出的特殊规定。

⑦开证行保证条款:开证行对受益人及汇票持有人保证付款的责任性

文句。

第二节　跟单工作的基本内容

订单完成期的主要工作包括备货、出口托运及货款结算等环节，具体工作流程如下图所示。这些工作实际属于外贸出口的工作，在规模稍大、比较正规的外贸公司里，这些工作主要由公司的进出口部门承担，跟单员只需要配合就可以；而在规模较小的外贸公司里，这些工作大部分是由跟单员来完成。在流程图中包含的很多环节是委托给专业的公司去做的，如报关、投报等；另外，有些环节与跟单员基本无关，如外汇核销。本节主要介绍与跟单员有关的环节，其他环节，读者可以参考相关方面的外贸书籍。

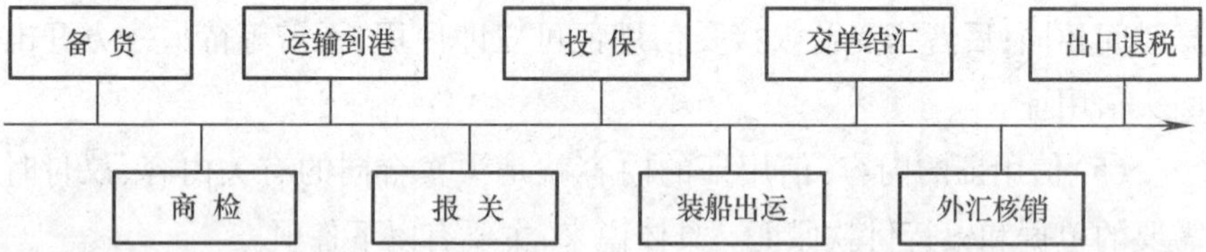

订单完成期的工作流程图

一、备货

1. 制订出货安排表　出货安排表是根据P/O(Purchase Order)交货期所制订出来的交货安排，它是计划部门或生产部门根据实际大货生产情况确定的具体出货时间。对于那些实际生产进度符合交货期要求，能够正常出货的订单，跟单员需要通知客户计划出货时间。对于那些生产进度滞后的订单，跟单员需要立即与生产部门协调，促使生产部门根据订单交货期调整生产计划，尽量在交货期之前一周完成质量检验和包装工作。如果生产部门认为交货时间必须推迟，跟单员就要立即与客户联系协商，看能否推迟交货，如果客户不同意，跟单员就要向主管申请空运的方式出货，或者与客户协商，作分批出货。

分批出货（Partial Shipment），也称分批装运，是指同一订单里面的产品分不同时期装运出货，如分若干批次，以不同的航次、班次、车次的装运都称为分批装运。一般情况下，客户允许分批出货，有时贸易双方可以在合同中加入“允许分批装运”的条款，以防止贸易摩擦。另外，《跟单信用证统一惯例》也有相关规定，允许分批装运。

出货安排表一般包括出货时间、客户名称、P/O号、成品名称、使用原料、数量及运输方式。具体的出货安排见表5－5。

表5－5　出货安排表

出厂时间	客　户	P/O	成品名称	颜　色	数　量	运输方式
12月10日	××	1515	机织面料	灰色	12	海运
12月10日	××	1515	机织面料	蓝色	20	海运
12月10日	××	1515	机织面料	灰色	50	海运
12月10日	××	1515	机织面料	驼色	70	海运
12月10日	××	1515	机织面料	灰色	90	海运
12月10日	××	1515	机织面料	绿色	15	空运
12月10日	××	1515	机织面料	灰色	30	空运
12月10日	××	1515	机织面料	绿色	50	空运

出货安排表做好后，进出口部门就可以根据安排表准备货物出口的相关事项了。

2. 货物入库　外贸公司QC或者客户委托QC对包装好的成品面料检验合格后，就可以入库了。货物入库后，外贸公司就可以报检了。

二、商检

按照《中华人民共和国进出口商品检验法》的规定，凡是列入《实施检验的进出口商品目录》（简称《目录》）的进出口商品，以及其他法律法规规定需经商检机构检验的进出口商品都必须实施强制性检验，也称作法定检验。如北京检验检疫局规定必须检验的纺织品有全棉坯布、印染布、毛毯、棉纱及细纱制品。商检机构实施进出口商品检验内容包括商品的质量、规格、数量、重量、包装、安全及卫生七项,与第四章介绍的质量检验有很大不同。

进出口商品的检验程序一般是按照报检、抽样、检验、签证放行(或发出不合格通知)的顺序进行的。具体对进出口商品在报检的时间和地点上有不同的规定。属于法定检验范围的出口商品,发货人应当于接到合同或信用证后备货出口前,在商检机构规定的地点和期限内向商检机构报检。

商品的报检工作有两种方式。一是由本公司的报检员负责,报检员跟报关员一样,都是要通过国家职业资格考试之后才具备相应的资格,这类公司称为自理报检单位;二是委托代理报检单位进行报检,对于很多规模较小的企业来说,可能没有自己的报检员,就得通过这种方式进行报检。报检的工作主要包括准备单证和填写报检单。检验机构检验完毕后,报检员还要领取商检证书及证单。

1. 准备单证 申请出口商品检验前,首先要根据"出境货物报检单"的要求,准备需要的随附单证。随附单证主要包括合同、信用证、装箱单和厂检单等单据,以及品质证书、数量证书和重量证书等证单。如果信用证有更改,还要提供修改书。所有可能的单证可以参考"出境货物报检单"样张,但一般纺织品报检时并不需要样张上的所有单证,根据产品类型而有所不同。如样张 5-1 所示为北京某公司填报的"出境货物报检单",部分内容已隐去。

样张 5-1

中华人民共和国出入境检验检疫

出境货物报检单

报检单位(加盖公章):北京××有限公司　　　　　　＊编号__________

报检单位登记号:　　　联系人:　　　电话:　　　报检日期:××××年××月××日

发货人	(中文)北京××有限公司	
	(外文)	
收货人	(中文)	
	(外文)	

续表

货物名称(中/外文)	HS 编码	产地	数/重量	货物总值	包装种类及数量
纯棉坯布 100PCT COMBED COTTON	5208 × ×	北京	95 包 12350kg	USD 60730. 00	95 包

运输工具名称号码	BY VESSEL	贸易方式	一般贸易	货物存放地点	顺义
合同号	S081345 × × ×	信用证号		用途	其他
发货日期	× × × × - × × - × ×	输往国家(地区)	美国	许可证/审批号	
启运地	北京口岸	到达口岸	美国	生产单位注册号	110000 × ×
集装箱规格、数量及号码	SGXU072894 40 X1				

合同订立的检验检疫条款或特殊要求	标记及号码	随附单据(划"√"或补填)	
	N/M	□√合同 □√信用证 □发票 □√换证凭单 □装箱单 □√厂检单	□包装性能结果单 □许可/审批文件 □ □ □ □

需要证单名称(划"√"或补填)		*检验检疫费	
□品质证书 _正_副 □重量证书 _正_副 □数量证书 _正_副 □兽医卫生证书 _正_副 □健康证书 _正_副 □卫生证书 _正_副 □动物卫生证书 _正_副	□植物检疫证书 _正_副 □熏蒸/消毒证书 _正_副 □出境货物换证凭单 □出境货物通关单 □ □	总金额(人民币元) 计费人 收费人	

报检人郑重声明:	领 取 证 单	
1. 本人被授权报检。 2. 上列填写内容正确属实,货物无伪造或冒用他人的厂名、标志、认证标志,并承担货物质量责任。 签名:______	日期 签名	

注 有"*"号栏由出入境检验检疫机关填写。 ◆国家出入境检验检疫局制

在准备单证时,还需要注意以下三种情况。

(1)对于委托代理报检公司进行报检的企业在准备单证时,应随附报检委托书(原件)。

(2)由于纺织品品质稳定,且属于非易腐烂变质、非易燃易爆商品,所以经常出口的企业可以申请预验,预验可以节省时间。商品预验合格后,商检机构会签发“出境货物换证凭单”。经过预验的商品,在准备单证时,应随附该商检机构签发的“出境货物换证凭单”正本。

(3)经其他商检机构检验的商品,应随附发运地向检验机构签发的“出口商品查验报检凭单”正本。

2. 填写报检单 报检单包含的内容并不多,但报检员在填写时,也要注意不能出错。下面是几项需要注意的地方。

(1)填写完报检单位后,要在报检单位处加盖报检单位的公章。

(2)不同的货物有不同 HS 编码,且分类很细,报检人员要注意不能填错。如关于印染布,就有 15 种 HS 编码,而有关具体的 HS 编码,可以到检验机构或其网站上查询。

(3)商品的名称要与合同、信用证的具体商品的名称完全一致。

(4)商品的数量、重量、规格,除合同、信用证有规定或有国际惯例者外,其余一律使用国际标准计量单位。

(5)货物总值,一律填写进出口成交价(单位为美元)FOB(美元)、CIF(美元)、C&F(美元)。如无出口成交价(如出口预检时)的,按填国内收购价。

(6)报检单上要有报检人签字。

3. 报检过程中要注意的几个问题

(1)由于纺织面料可以办理预检,在外贸 QC 或客户 QC 检验合格,且已经备货完毕,堆放于仓库中,但由于信用证等问题造成无法出厂的情况下,外贸公司可以申请办理预检,以节省时间。

(2)正常报检应为检验机构预留出必要的检验、出证时间。检验需要花费时间,特别是货物数量很大的情况下,一般的纺织品检验大多能在两天内完成。另外,检验机构出证书也需要时间,一般的检验机构能在 2 ~ 3 个工作日内完成出证工作。

(3)检验部门到现场工作时,报检单位应提供必要的协助。检验机构根据报检申请,在规定的时间、指定的地点进行检验时,报检者必须创造好检验所必需的条件,包括提供辅助人力、工具和工作场所的条件,以提高检验效率。

(4)对检验证书的要求报检人必须在报检单中说明。出入境检验检疫局签发的证书为全国统一格式的检验证书,经出入境检验检疫局同意,也可接受国外提出的其他格式或者其他文种的证书要求,但报检人需事先在报检单中注明。

三、运输到港

外贸公司在备齐出口货物并商检完毕后,就可以根据合同中的装运条款联系订舱事务,并将货物运输到港了。在国际贸易的合同里,装运条款是非常重要的,一般包括运输方式、装运期、装运港、目的港、分批装运、转运和装运通知等,其中有些内容与贸易术语有关(如装运地点),有些需要专门作出规定。托运人要根据合同和实际备货、备单情况安排装运,按照订单规定安排货物的装运,通常是卖方的主要义务。

对于纺织品和服装的出口来说,运输出货一般采用海洋运输,当然在出货时间晚于订单交期以及紧急订单的情况下,也会采用航空运输。在海运中,纺织品和服装一般通过班轮运输,而且大部分采用集装箱运输。这里就以海运集装箱方式为例进行介绍。

1. 订舱 以 CIF、CFR、CIP、CPT 等价格术语成交的订单,一般由出口方(外贸公司)安排订舱,并付订舱的所有费用;而以 FOB 或 FCA 价格术语成交的订单,则由客户指定货运代理公司,并负责做好租船订舱工作,出口方只需要配合就行,当然订舱费用和保险费用由客户承担。

外贸公司在商检完毕后,可以联系货运代理公司(Forwarder),填写货运委托单(Shipping Note,简称为 S/N),并随附商业发票、装箱单等必要单据,委托货运代理订舱。货运代理接受订舱委托后,缮制托运单(Booking Note,简称为 B/N),随同商业发票、装箱单及其他必要的单证一同向船公司办理订舱手续。托运单(副本)一般包括托运人(Shipper)、收货人(Consignee)、通知方(Notify Party)、目的港(Destination of Port)、箱型、箱量、件数、毛重、尺码等货物描述(Description of Goods)等。订舱一般在交货期之前两周进行。

船舶公司确认舱位后,要在托运单上编号(该号将来即为提单号),填上船名、航次,并签署,同时把配舱回单、装货单(Shipping Order,简称为S/O)等与托运人有关的单据给货运代理或外贸公司。然后,外贸公司就可以准备有关的报关单据(报关委托书、核销单),并联系船舶公司业务人员进行装箱。

2. 货物装箱 如果货物数量较多,能够装满集装箱容积的75%或达到集装箱负荷量的95%,即称为整箱货。由外贸公司或代理公司领取空集装箱,并在装箱前向海关办理报关,在海关监管下进行装箱,装毕由海关在箱门处加铅封。如果货物数量少,不能达到整箱发货的标准,须按拼箱托运,即由外贸公司或者代理公司将货物送交集装箱货运站,由货运站进行拼装。外贸公司在将货物送交货运站后,要办理报关。

(1)提柜、装柜。外贸公司可以委托拖车公司进行此项工作,也可以通过货运代理公司来做。如通过拖车公司提柜装柜,需要首先填写拖柜委托书,拖车公司接受委托后,外贸公司递给拖车公司船公司名称、订仓号、装柜时间、柜型及数量、装柜地址、报关行及装船口岸等信息。如果有验货公司看装柜,要专门声明,不能晚到。并要求回传一份上柜资料,列明柜号、车牌号、司机及联系电话等。

(2)递给生产企业一份装车资料,列明上柜时间、柜型、订仓号、订单号、车牌号及司机联系电话。

(3)生产企业在货柜离开工厂后尽快将装货通知递给外贸公司,列明货柜离厂时间、实际装货数量等,并记装箱号码和封条号码作为提单的资料。

3. 货物进港 发货人或者货运站接到装船通知后于船舶开装前5天即可将货箱运进指定的港区,以便海关放行后及时装运。海关的截关期为开船前一天上午10点(如遇节假日则向前顺延)。

4. 货物装运 货物进入海关指定港区之后,托运人会将检验机构签发的通关单及全套报关单据交给报关代理公司进行报关或者自行报关。海关验查合格并决定放行后,会将盖章的装货单交给托运人,托运人凭此装货单才能进行装运。货物装运就是指将装有货物的集装箱装载到货船上,货船离开港口。

5. 换取提单 船舶公司或代理公司会在装船前一天将提单确认件传真给托运人。托运人尽量在装船以前确认回传,以免支出额外更改费。开船以后,托运人会将大副收据联或电子托运单的记录单寄给船舶公司或代理公司,以换取提单。

四、报关

报关(Customs Declaration)是指进出口货物的收发货人、进出境运输工具的负责人、进出境物品的所有人或其代理人向海关办理进出境手续及相关海关事务的全过程。本书中的报关是指出口货物的报关。按照《中华人民共和国海关法》的规定,进出口货物必须如实向海关申报,接受海关监管。出口货物在运进海关指定港区后,外贸公司或其代理应向海关申报。出口企业可以自行报关(需经过报关注册登记手续),也可以委托专业报关企业或代理报关企业办理报关业务。

1. 准备单证 外贸公司或其代理人按照海关规定格式填写"出口货物报关单",如样张 5-2 所示。并随附海关规定应交验的单证,至少在装运前 24h 一起交给海关,请求海关办理货物出口手续。

准备申报的单证是报关员开始申报工作的第一步,是整个报关工作的关键一步。纺织品出口时,报关员需要准备的单证,除了已经填写完毕的报关单外,还有三类随附单据。

(1)基本单证:包括出口货物的货运单据和商业单据,主要有装货单、海运提单或空运单、商检证书、商业发票和装箱单等。

(2)特殊单证:主要包括出口许可证、加工贸易手册、原产地证明和出口核销单等。这里需要注意的是,并不是所有纺织品的报关都需要出口许可证,如果申报出口的纺织品属于进口国或地区对我国设有配额的类别,则报关时需要出口许可证。如 2008 年欧盟对中国输欧的八个纺织品类别实施监控,如果要申报的纺织品属于监控范围内,报关时就需要随附出口许可证。而 2009 年,由于欧盟取消了对中国输欧的这八个纺织品类别的监控,所以我国商务部不在签发相应的出口许可证了,自然报关时就不需要随附了。

样张 5－2

中华人民共和国海关出口货物报关单

预录入编号：　61877×××× 　海关编号：　01012008001870××××

出口口岸　新港	备案号	出口日期 ××××－××－××	申报日期 ××××－××－××
经营单位 北京××有限公司	运输方式　运输工具名称		提运单号
发货单位 北京××有限公司	贸易方式　一般贸易	征免性质　一般征税	结汇方式　电汇
许可证号 08－01－J0××××　运抵国(地区)　美国	指运港　美国		境内货源地　顺义
批准文号 1169483××　成交方式 FOB　运费		保费	杂费
合同协议号 S08F13S0××　件数	包装种类 纸箱	毛重(kg)	净重(kg)
集装箱号 0　随附单据 5			生产厂家
标记唛码及备注　输美许可证 8CN0030×× 随附单证号：			

续表

项号	商品编号	商品名称、规格型号	数量及单位	最终目的国（地区）	单价	总价	币制	征免

<table>
<tr><td colspan="3">税费征收情况</td></tr>
<tr><td>录入员　　录入单位</td><td rowspan="2">兹声明以上申报无讹并承担法律责任

申报单位（签章）</td><td>海关审单批注及放行日期（签章）

审单　　审价</td></tr>
<tr><td>报关员

单位地址</td><td>征税　　统计</td></tr>
<tr><td colspan="2">邮编　　电话　　填制日期</td><td>查验　　放行</td></tr>
</table>

(3)预备单证:主要是指贸易合同和其他一些证明文件。海关在审单或征税时可能需要应验这些单证。

2. 出口货物的申报 申报工作分为电子数据申报和纸制单据申报两步。电子数据申报是指报关员可以通过 EDI 方式或者网上申报方式将电子报关单录入海关计算机系统,海关人员审核后,会反馈给报关员是否接受申报。如果接受申报,报关员才能进行纸制单据申报工作;如果不接受申报,则报关员需要修改报关单内容重新申报。

海关接受电子数据申报后,报关员应当自接到海关审单中心发布的“现场交单”或“放行交单”通知起 10 天内,携带纸制报关单及随附单证到海关办理报关手续。

3. 海关查验 海关通过对货物的查验,检查核对实际出口货物的品名、规格、价格、数量、原产地及贸易方式等是否与报关单上已经申报的内容相符。海关通过查验,核实有无伪报、瞒报、申报不实等走私违规行为。另外,通过对货物进行统计归类,为海关提供可靠的资料。

出口货物的查验,一般是在海关规定的时间、场所(即海关监管区域内的仓库、场所)内进行。对于“门到门”运输的集装箱货物,在海关规定地区进行查验有困难的,经进出口货物收发货人的申请,海关核准,海关可以派员到监管区域以外的地点进行查验。经就地查验后,放行货物。

4. 出口货物的放行 出口货物在办完向海关申报、接受查验、缴纳税款等手续以后,由海关在货运单据(运单、装货单和场地收据等)上加盖“海关放行章”。发货人或其代理必须凭货运单据到货物堆放的港区办理货物装运及离港手续。未经海关放行的海关监管货物,任何单位和个人不得发运。

出口货物发货人或代理人在办理完毕装运出口货物的手续后,可以向海关提出申请,签发有关的出口证明。这些出口证明主要有出口收汇证明、出口收汇核销单和出口退税证明。

五、办理运输保险

以不同的贸易术语签订的贸易合同,办理运输保险的责任方就不一样。以 FOB 和 CFR 术语成交时合同,运输保险由进口方负责;以 CIF 术语成交的合同，则需要外贸公司向保险公司按保险金额、险别和适用的条款投保。

外贸公司在备妥货物并确定好装运日期和运输工具后，就可以自己办理运输保险，也可以通过代理公司办理。实际操作中，外贸公司一般通过货运代理公司办理运输保险。

六、离港后操作

货物装运并离港后，托运人及货运代理还需要做两件事情，即交单和装船通知。

1. 交单 货物离港后，货运代理要及时将提单交给托运人。如果外贸公司和客户之间采取 T/T 付款，则需要跟单员在取得提单后马上传真提单给客户付款，确认收到余款后再将提单正本及其他文件寄给客户。

2. 装船通知 装运通知在合同中被规定的目的在于明确买卖双方的责任，促使买卖双方互相配合，船货衔接工作。装运通知没有固定格式，也没有固定的发送时间和发送方法要求。但按照国际贸易惯例，在 FOB 条件下，一般卖方应在约定装运期前 20 天，向买方发出装运通知，将预计货物备妥时间通知买方，以便买方预先安排船或指定货运代理或安排预定舱位等。在 CIF、CFR 条件下，一般卖方应在货物装船后，当天发装运通知给收货人，发送内容包括合同号、货物品名、件数、重量、发票金额、船名航次、提单号、箱封号、装船日期、飞机航班、舱单等，发送方法包括以传真、电子邮件、网络发送、电传等。这样买方在货到港前的可以做好接货准备，包括进口文件的准备、货款准备、进口清关准备，使货到达后及时提取。

货物装上船后，跟单员应及时向客户发出完成装船的信息。一般是将装船通知（Shipping Advice）或装船声明（Shipping Statement）通过传真或电报传给客户。客户在接到装船通知后，可以根据货物的发运情况准备提货和仓储。另外，在采用信用证的结汇方式的情况下，还需要装船通知的副本作为结汇所需的单证。

装船通知的内容一般包括被通知人、运输货物名称、单证信息（信用证号码、提单号码及保险单号码等）、装运信息（装运港、目的港及船次等）、包装信息（唛头、数量及总金额等）、收货人及出口公司名称等。

七、货款结算

货款结算是指客户收到货物后,支付外贸公司货款的过程。相对于汇付和托收方式,信用证结算对出口方来说信用风险较小。在纺织服装外贸中,主要使用的付款方式是信用证方式。

外贸公司在信用证结算方式下的主要工作有催证、审证和改证,并依据信用证的要求制作各种单据。

1. 催证 客户一般会在出货之前至少 15 天把信用证寄给外贸公司,如果客户由于资金等原因未按合同约定时间寄来信用证,或者外贸公司安排提前出货时,外贸公司就需要催促客户开出信用证。催证工作一般由进出口部门或者跟单员通过电话、传真或电子邮件等方式进行。

跟单员要及时催证,因为客户的开证日期一旦延迟,会带来很多麻烦。如果备货已经完毕,等待装运,而信用证未到的话,就可能影响装运时间,造成一定的经济损失。另外,信用证的审证也需要一定的时间,如果出现不符点,还需要客户重新开证。

2. 审证 客户寄到信用证后,为了安全收汇,就需要审证,主要审查信用证列出的条件是否能够接受。审证工作由银行(通知行)和外贸公司共同完成,银行主要审查信用证的有效性,外贸公司主要确定信用证规定是否与合同规定相一致,是否可以接受信用证的要求。

通知行的审查主要有两方面作用。一是帮助出口商审查信用证的真伪,如有些国际诈骗分子会假冒或伪造信用证上的印押,不经过通知行,直接寄给受益人,企图诱骗受益人盲目出货,达到骗取货物的目的。通知行可以通过核查印押,并与开证行联系来确定信用证的真伪,若印押与开证行的真实印押相符,则由核查人员在信用证上加盖"印符"或"押符",并签名或盖章。若印押不符,则核查人员会联系开证行验真伪。二是调查开证行的资信及背景,开证银行本身的资信应与其所承担的信用证付款责任相应。特别对于实行外汇管制或国际支付能力薄弱或国内金融秩序混乱的国家的银行开出的信用证,更应重视审核该银行的资信状况。通知行审核通过后,会缮制信用证通知书,连同信用证正本寄给受益人。

外贸公司接到信用证后,也要进行审查,主要审查信用证上的规定是否与合同的规定一致。审查的内容主要有以下三个方面。

(1)信用证的类型：根据信用证在有效期间内可否由开证银行撤销，可以分为可撤销信用证和不可撤销信用证。因为可撤销信用证，开证行可以修改或撤销信用证，对受益人来说，交易安全性差，因此出口商一般都要求开立不可撤销信用证。如果信用证未注明可撤销或不可撤销，则信用证被视为不可撤销信用证。

(2)基本内容：检查信用证的基本内容是否有误。如开证人、受益人、地址等信息是否与实际相符；货物品名、规格、数量、包装、金额等是否与合同一致；是否可以分批装运等。

(3)有效期限：核查信用证的有效期限是否合理，一般信用证的有效期要晚于最后装船期15～30天，以方便卖方有足够时间制单结汇。

3. 改证 外贸公司通过审证，如果发现信用证存在问题，如有些内容与合同内容不符，有不可接受的内容，则外贸公司应立即与开证申请人联系，并提出修改信用证的申请。

外贸公司需要整理好所有的修改意见，一次递交给开证申请人，以节约对方改证费用，开证行修改完毕后，仍需通过通知行转递给外贸公司，以保真实。如外贸公司表示接受修改内容后，信用证才生效。注意，只有开证行才有修改信用证的权利，开证申请人的承诺并不代表信用证的修改。

4. 制作单据 货物装运后，外贸公司会取得相应的单据，如果信用证审查没有问题，就可以按照信用证的要求缮制各种单据了。信用证中一般会标出所要求的单证，即商业发票、货运单据、保险单据、装箱单、产品质量证书、产地证、装运通知及包装说明等。

外贸公司在制作单据时，要以开证行的审单原则为依据，做到“单证相符”、“单单相符”。“单证相符”是指外贸公司提交的单据名称及其内容必须与信用证的规定完全一致，如某信用证将货物描述为机织面料，而受益人具体的货为机织面料中的某种时，为了使有关单据中货物的描述与信用证的规定相一致，即便有的单据因某种特殊作用（如清关报税等）需要显示具体货名，收益人在制单时仍必须将信用证所规定的机织面料显示出来，然后在其后加注具体货名。“单单相符”是指外贸公司提交的各单据之间的内容表示也要完全一致。如果出现单证不符或者单单不符的情况，开证行有权拒付。

5. 银行审单 外贸公司当地银行在收到提交的单据后,需要对信用证和单据进行认真审核,主要审核单据中内容是否相符合信用证的要求,即是否有“不符点”。如果外贸公司提交的某一单据中出现“不符点”,则开证行就可以免除付款,致使外贸公司拿不到货款。所以当地银行的审单非常重要,当然外贸公司在将所有单据提交给当地银行前,也应该内部审核的。

如当地银行审核出“不符点”后,就需要外贸公司修改更换单据,审核没问题后,单据会寄到开证行,开证行同样要审核。最后,议付行也要进行审核,审核通过后,才进行结汇。

6. 结汇 信用证及单据经过银行审核无误后,银行会按照信用证规定的付款金额,与外贸公司结算货款。我国银行目前有收妥结汇、定期结汇和议付结汇三种结算方式。

(1)收妥结汇:出口商当地银行审核单据无误后,会将单据寄给国外开证行或开证行指定的付款行,并要求付款。国外银行审核单据无误后,将货款汇入出口商当地银行,然后由当地银行付款给出口商。这种方式称为收妥结汇。

(2)定期结汇:定期结汇是指出口商当地银行根据向国外付款行取得货款所花的时间,对出口商预先承诺一个固定的结汇期限,一般是出口商当地银行在审单无误后10~20天。结汇到期时,当地银行无论是否收到货款,都会主动将货款金额结付给出口商。

(3)议付结汇:议付结汇又称出口押汇或买单结汇。根据UCP 600国际惯例规定,议付是指定银行在其应获得偿付的银行日或在此之前,通过向受益人预付或者同意向受益人预付款项的方式购买相符交单项下汇票(汇票付款人为被指定银行以外的银行)及/或单据。在我国议付行买单付款后,有权向受益人追索。如国外付款行审单发现不符点而拒付时,议付行可以再将已付给受益人的货款追索回来。

八、文件资料整理

订单完成期的文件资料比较多,特别是各种单证资料。以不同的价格成交的订单,所需要的单证资料也不同。由于出口环节主要由企业的进出口部门负责，跟单员只是协助工作，所以跟单员需要整理的资料并不多，主要包括以下两项资料。

1. 货箱单 对于每票货的出货箱单，跟单员都需要留底，并按时间顺序进行排列，可以打印出来，也可以存成电子版。整理箱单的目的主要有以下两个方面。

(1)与正式订单进行核查，检查是否短装或溢装，短装或溢装是否在客人接受范围。

(2)以备日后需要的时候，容易查找。

2. 出口发票 跟单员最好能够保存每票货的出货发票。这样可以检查价格、数量等相关信息是否正确，以保证能按时回收货款。

第三节 常见问题及处理

由于跟单完成期的主要工作一般是由进出口部门的人员负责的，跟单员只是协助完成。所以，跟单员在实际工作中可能遇到的问题并不多，主要集中在货物包装、处理客户投诉及客户拒绝付款等方面。

1. 包装错误但货物已经出港的处理 工厂由于疏忽把包装弄错，或者包装资料写错，但货物已经出港。跟单员需要在客户没有收到货物前，尽快告知客户这个信息，以便客户能尽早做好准备，并做相应处理。如果客户没有及时得到通知，可能会对客户产生很大的困扰，因此客户有可能会向供应商进行索赔。

2. 没有按时订到货物舱位的处理 有时，因为跟单员疏忽或者其他方面的原因，会出现没有按时订到舱位的情况。这种情况比较难处理，一般只能通知客户，说明未订到舱位的原因，请求原谅，并协商如何处理。这里主要有以下两种情况。

(1)如果是因为客户指定货代的原因没有订到舱位，跟单员要向客户说明。

(2)如果是由于我方的原因而没有定到舱位，跟单员需要先争取客户同意安排下一班船。如果经过各种努力，客户仍不同意推迟交期的话，就需要由我方安排空运,但空运费需要与客户协商,我方只付空运与海运差价部分。

为避免出现没有按时订到舱位的情况,跟单员一般要提前了解到客户指定的港口的船只安排情况。如果客户指定的是班轮运输,则跟单员一定要拿到班轮船期表,然后根据生产预算的时间,为港口留出一周的时间。但有时生产往往会拖延,而且还要考虑天气等原因造成的船只拖班等因素,所以最好有2周的富余时间。

3. 单单、单证不符的处理 这是面料出口过程中最常见的问题,一般会是跟单员所准备的发票、装箱单、提单、产地证等单证和信用证在货物名称,发货数量和信用证规定数量不同,实际出货和信用证规定的日期不同等。

如果有不符点产生,客户开证银行扣不符点的费用,造成工厂损失。所以跟单员在收到信用证申请的时候,一定要认真审核,不合理难以做到的条款,跟单员要和客户沟通修改信用证,做订仓文件和报关文件是一定按照信用证的要求和描述去做。尽量避免不符点。

4. 客户投诉的处理 客户收到货之后,有可能会因为大货质量、延期交货等问题投诉。关于这方面的处理一般可以参照双方签订的合同进行,对于合同上未规定的,双方可以协商,按照惯例解决。如果双方存在很大争议,且难以解决的话,就只能进行仲裁了。

通常情况下,供应商和客户签订合同时,要附加上关于客户投诉的处理约定。这些约定当然尽量按照公司以前的规定或者对自己有利的方式去约定。同时,一定要有时效性,只要不违背国际公约,时间越短对供应商越有利。如货到后,如果客户对数量或者质量异议,需要在七天内提出等。

5. 客户长时间不付款或拒绝付款的处理 客户长时间不付款或者干脆拒绝付款时,供应商一定要调查清楚原因。客户长时间不付款,有时可能因为客户去度假了或者出差了等原因,可以给对方发一封催款信。另外,很多客户都会有自己的信息系统,跟单员可以问一下供应商能否被授权进入系统,如果能的话,一般都会查到订单的付款状态的,如客户是否收到发票,货物是否得到客户的认可,跟单员可以根据付款状态发催款信。如果多次催促,客户仍然不付款,而客户又是老客户的话,就只能以下一订单的货物为筹码了,客户不支付以前的欠款,就不发货,或者不生产。这样,客户会认真考虑付款的事情的。

如果客户明确拒绝付款,供应商又确认己方的产品质量等都没有问题的话,那么就需要调查下客户的情况。如有些情况下,某些客户可能因为订单产品在当地价格突然下跌,使得订单没有利润了,想通过拒收或拒付达到逼迫供应商降价的目的。

对这种情况的处理,一是满足客户降价的要求;二是要求客户做退货或者转让处理;三是通过法律手段维护自己的利益。另外,作为供应商也需要了解到哪类客户可能出现这种情况,跟单员可以多方打听,对某些资信比较差的地区的客户,在签订合同时,应该提出更加严格的付款条件,如要求预付50%,千万不能一时贪图订单数量,而让资信差的客户钻了空子。

第四节　总　结

本节以某公司的面料产品出口到国外为例,简单回顾一下出口的整个流程。由于出口环节较多,而且付款方式不同,出口流程也要很大不同,本节以即期信用证的付款方式为例。

(1)大货面料得到客户确认后,跟单员立即联系订仓申请单到船公司或货运代理(FOB价格成交的客户会指定货运代理)。填写货运委托单,并随附商业发票、装箱单等必要单据,委托货运代理订舱。

(2)货运代理确认舱位后,按其指示安排装箱,并运输到港口指定港区入仓。

(3)提供报关报检资料给报关行,申请报关。

(4)一般船离港后跟单员可以拿到提单。跟单员可以根据信用证做装箱单、形式发票等信用证要求的文件。

(5)把客户所需的单证交到工厂的收汇银行,收汇银行审核单证无误后寄到客户的开证银行。

(6)客户的开证银行收到单证后审核无误后,付款到工厂的银行,同时把单证给客户。

(7)客户拿到单证后申请进口报关。

(8)进口报关通过后,客户可以提货了。

第六章　跟单工作的信息化管理

本章主要内容

1. 介绍了跟单工作的信息化现状。
2. 以案例的形式，介绍了纺织贸易系统的功能。

第一节　跟单工作的信息化现状

由于跟单工作可以分为贸易跟单和生产跟单两类，所以这里所说的跟单工作的信息化也包括两个方面，即一方面是生产跟单的信息化；另一方面是贸易跟单的信息化。

一、生产跟单的信息化

生产跟单工作作为纺织企业的一项重要工作，它的信息化与整个企业的信息化是密不可分的，是整个企业彻底实现信息化的重要一环。然而，从纺织企业信息化的开始，直到现在都把产品设计和生产过程信息化作为重点环节，使得跟单工作成为企业信息化的薄弱环节。但近十年来，随着很多纺织企业成功实施 ERP（Enterprise Resource Planning，企业资源计划），订单管理功能作为企业生产管理的一部分得以实现信息化。在实际工作中，生产跟单员不仅要处理订单的日常管理工作，还要根据订单进度，实时了解企业的库存情况，并根据库存情况完成采购，同时还要追踪生产的质量问题。因此，生产企业的 ERP 系统实际上也是对生产跟单工作的信息化。在企业 ERP 中与跟单工作有关的模块一般有如下几个。

1. 订单管理　订单管理主要包括订单资料管理、订单状态管理、订单出货管理等功能。订单管理模块通过存储和管理订单处理过程中生成的基本业务数据对订单进行全面跟踪,可以帮助跟单人员更好的把握订单的进度、交期、质量等信息。还可生成完整、准确、清晰的订单资料,使订单一目了然,并能实现查询和统计功能。

(1)订单资料管理:跟单员可以通过此模块为每一个订单建立档案,对订单资料进行录入、修改、删除、复制等操作;还可以利用统计功能快速生成各种报表,使很多复杂的计算工作(如成本报价)更加准确、方便快捷。

(2)订单状态管理:对订单进行审核确认,减少主观判断,消除人为差错;通过表格对生产进度进行全面了解。根据物料采购清单和生产工时表,准确记录产品的生产物料需求及损耗率,制定生产成本预算报告。

(3)订单出货管理:根据生产反馈情况,提供出货管理功能。

2. 库存管理 库存管理是指对企业生产所需的原料、生产过程中的半制品及生产完成后的成品的管理,一般包括入库管理、出库管理和库存管理等功能。库存管理模块能够全程跟踪企业内部物料(原料、半制品和成品)的转移过程,能够处理企业内部物料转移的各种操作。主要是对仓库部门的入库、出库和盘点进行管理。同时仓库部门还可以对库存进行查询等,主要的查询内容包括入库单、出库单、调拨单、盘点单及出入库物资调度等;仓库部门还可以对库存根据需要进行统计,主要的统计包括入库汇总单、调拨汇总单、仓库库存报表和库存明细分类等。库存管理模块还可以帮助企业的仓库管理人员对库存物品的入库、出库、移动、盘点、补充订货和生产补料等操作,进行全面的控制和管理,以达到降低库存,减少资金占用,避免物料积压或短缺,从而保证生产经营活动顺利进行。

3. 采购管理 采购管理一般包括两个部分,一是采购人员对原料供应商的管理;二是采购人员对采购业务的管理。供应商管理一般包括供应商档案管理、采购询价管理和供应商报价管理等。而采购业务的管理一般包括采购申请单管理、清单管理和采购订单管理等。通过采购管理模块,采购人员可以建立完善的供应商档案和供货信息,有利于维护与供应商之间的关系,并得到合理的采购价格。同时,通过采购管理模块,采购人员还能及时了解到采购过程的准确情况和数据信息,以实现对采购过程的有效跟踪和控制。采购管理也可以实现统计和查询功能，通过报表查询，采购部门领导可以及时了解到企业各项采购业务的执行明细、汇总情况，为企业的采购决策提供依据。

4. 工艺质量管理 工艺质量管理模块一般包括质量检测、质量分析、质量反馈处理等功能。可实现对纺织生产过程中产品质量情况的跟踪和反馈。通过对原材料、半成品、成品的质量检验和用户质量反馈的统计、跟踪，分析产品在生产过程中的质量状况，取得各生产环节的质量分析报告，发现问题，及时反馈，及时提出改进办法。包括配棉单管理、织造工艺管理、染色配方管理、整理工艺与参数管理、印花工艺配方管理、整理配方管理及成品疵点管理等全过程的工艺与质量的控制。

二、贸易跟单的信息化

贸易跟单主要侧重业务管理和贸易控制，很少涉及产品的设计和生产。贸易跟单的信息化是以订单管理为中心的，然后还会包括一些财务管理及员工考核等辅助功能。下面是与跟单工作相关的几个模块。

1. 业务管理 由于贸易公司的整个运营是以订单为主，所以贸易跟单信息化的首要模块就是业务管理模块。业务管理模块通过对整个订单生命周期中产生的数据的跟踪和处理，对企业的经营过程实施有效的组织、协调和控制，实现对整个业务的统一管理。业务管理模块一般能够实现对业务的全面管理，具体包括报价管理、打样管理、寄样管理、各种合同管理、生产数据管理、验货管理、出货管理等，覆盖了整个订单的生命周期。

2. 样品管理 样品管理模块可以对一张订单的样品实施全程追踪管理，从样品接收、指标测试到样品入库、样品条形码标签打印；同时，样品管理模块的样品资料库可以将公司所有订单的样品信息进行管理，包括面料样品的主要属性，方便跟单员的查询。

3. 测试及验货管理 测试管理可以对面料的测试计划和测试结果进行管理，并实现对不同测试的分类，如内部测试、工厂测试和第三方测试；验货管理可以存储各种产品制造标准和质量标准的模板和具体数据，便于公司对产品实施标准化。

4. 单据制作管理 单据制作在出口贸易业务中非常重要，单据制作是否及时准确将直接影响出口报关。单据制作管理模块集成了常见的各种单证,如发票、报关单、装箱单、产地证、提单等。还可以根据客户合同,加入相应的单证条款,快速准确的生成订单完成期所需要的所有单证。

5. 客户管理 贸易公司日常运营的主要方面,除了业务控制外,就是客户服务了。对客户服务质量的好坏直接关系到公司的订单数量,影响着公司的利润,甚至生存。客户管理模块可以实现客户资料的录入、修改等基本操作;可以对客户进行分类,如分为老客户、新客户和潜在客户;可以对客户反馈信息及投诉进行管理,以提高服务质量。

第二节 跟单工作的信息化的必要性

对于生产跟单工作的信息化来说,由于生产跟单工作已经融入了整个生产企业的ERP中,所以这里不再讨论,而只讨论贸易跟单的信息化。实施了信息化的公司与没有实施信息化的公司相比,具有以下几方面的优势。

1. 业务流程更加合理 企业信息化的过程也是对企业业务流程再造的一个过程。它能够使企业发现以前手工处理业务时的疏忽和漏洞,使业务流程更加合理、更加规范;同时,信息化的过程也是明确企业各个岗位的职责和权限的过程,可以在一定程度避免出问题后,大家相互推诿,都不负责的情况。

2. 减少人工失误 跟单工作繁杂,信息量大。这使得人工处理业务很容易出现失误,如报价出现失误将会给企业带来很大的损失。跟单工作信息化后,则可以在很大程度上消除这类问题。

3. 提高工作效率 通过软件系统的查询和统计功能,可以提高跟单工作的效率。如果客户下的订单中有前一年订单中的相似面料,跟单员自然会去参考前一年订单的一些处理,如面料规格及原料使用量等。此时,如果采用手工处理方法,跟单员可能会花很长时间去查找电脑中的文件或者实际的资料夹,甚至查找了很长时间却没有找到。而使用软件系统后,跟单员会在几分钟内做到。另外,软件系统提供的统计功能同样重要,它可以帮助跟单员快速生成各种报表,了解一年来订单中某些信息的变化或者某位客户五年来订单量的变化等,这些统计功能都是用手工很难处理的。

4. 信息共享 软件系统为公司所有员工提供了一个可以共享信息的虚拟平台。一个部门的信息可以被另一个部门的被授权过的人员查询,这打破了不同部门之间的信息隔阂,使业务处理更加通畅。如果跟单员要查询某种原料的库存情况,他就可以在授权的情况下直接进行查询,而不需要再经过库存管理人员。

5. 质量管理 软件系统可以实现对产品质量的标准化及产品测试情况的系统化管理。

6. 减少业务损失 手工处理业务时,公司对客户实施分散管理,每个跟单员负责一个或几个客户,客户的信息和订单的信息只有这个跟单员熟悉。跟单员离职后,必然造成公司客户资源的流失。而软件系统则需要每个跟单员将自己所负责的客户资料及订单情况都输入到电脑中,公司领导可以随时查看客户及订单的情况,这在很大程度上避免了客户跟随跟单员流失的情况。

从上面的分析中可以看出,实施信息化的好处很多。关于具体问题,这里不再讨论。当然,有没有必要实施信息化,还要看公司自身的情况(包括经济情况)及软件供应商的解决方案。另外,信息化不是解决一切问题的万能钥匙,如果公司自身经营不善,那么即使实施了信息化管理,也不会提高业绩的。

第三节 案 例

纺织行业的软件供应商有很多家,但大多数是提供生产 ERP 系统,而提供贸易 ERP 系统的供应商并不多。下面以上海环思信息技术有限公司的纺织贸易系统为例,介绍一下纺织贸易类软件对纺织贸易行业的解决方案。

一、系统流程与业务流程

环思纺织商贸 ERP 管理软件的核心思想是基于纺织商贸的业务、财务、供应链的一体化设计目标,将企业信息流、资金流、物流、工作流和控制流融为一体,建立企业“信息化网络系统”,打造企业商务协作平台。该系统的总体流程如图 6 – 1 所示。

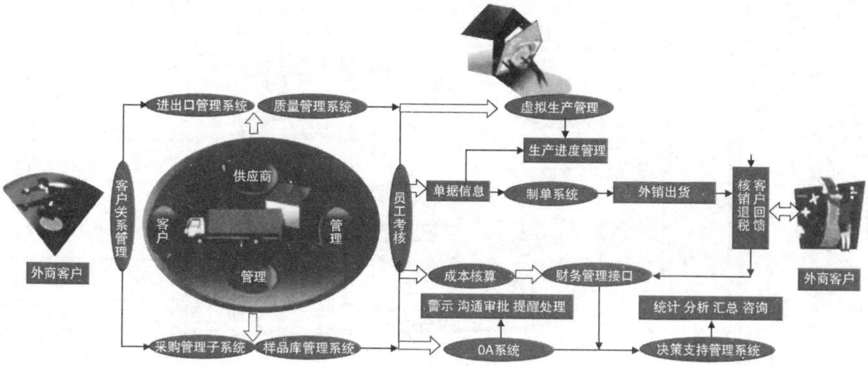

图 6 –1　系统总体流程图

环思纺织商贸系统对纺织业务流程进行了详细研究,从报价、接单,到订单业务处理;从加工合同制订、坯布采购、发坯管理、生产过程控制,到加工合同结算;从成品入库、仓储管理、销售发货,到订单核算;从财务管理到商业智能决策分析,全方位、全过程、多角度地为纺织商贸企业管理提供及时、准确、全面的决策信息。该系统为纺织贸易企业度身打造的业务流程如图 6 –2 所示。

二、各子系统的功能

1. 业务管理子系统　业务管理系统主要包括出口管理、进口管理、内贸管理和虚拟生产管理等子系统。该系统从询单、回单、封样、合同、签单、下单生产、验货、制单、发货、结算、评价等基本环节的业务数据进行订单的全面跟踪与处理,可以帮助业务人员更好的把握客户订单的进度、交期、质量等信息,从而为客户提供快速方便的服务。本子系统是整套系统的关键,对企业的经营过程实行有效的组织、协调、控制,实现对整个业务的统一管理,帮助企业最大限度的降低成本,提高企业的市场应变能力。本系统中的销售订单管理界面如图 6 –3 所示。

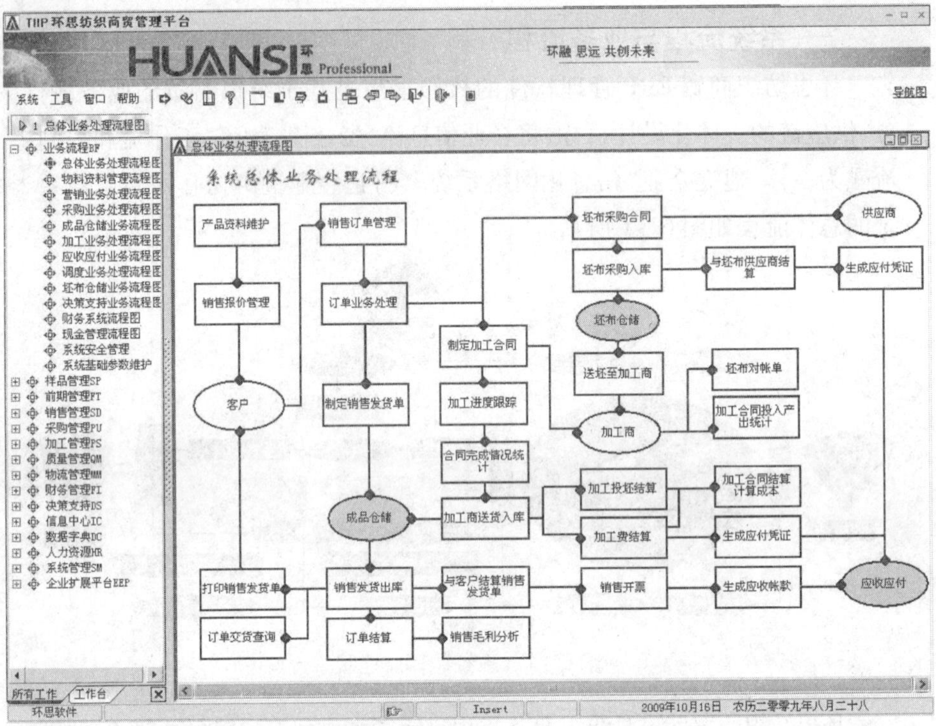

图 6 –2　纺织贸易业务流程图

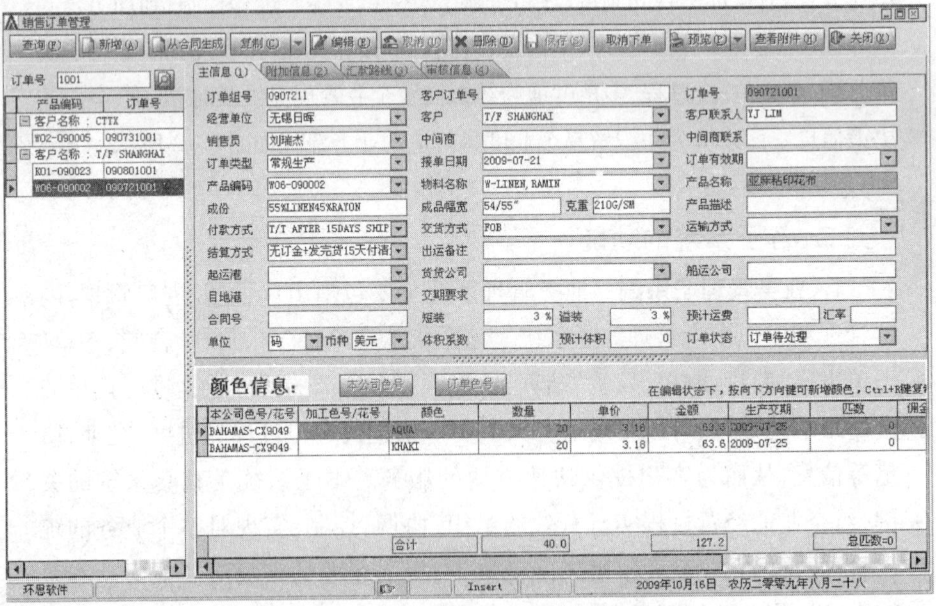

图 6 –3　销售订单管理界面

2. 样品采购管理子系统 样品采购管理子系统主要包括面料和样衣采购，该子系统支持从采购计划、请购审批到样品接收、指标测试、大样入库形成条码、小样制作生成条码等全过程的管理，该系统与业务部门的需求信息、质量管理部门测试信息、财务部门的收付信息一起为公司提供完整的管理数据，并为客户提供所需要的详细样品资料。具体的成品布采购合同管理界面如图6－4所示。

3. 仓库管理子系统 仓库管理子系统包括面料样品库管理、样衣库管理及虚拟仓库管理。帮助企业供应人员进行盘点，业务部人员实现快速查询，公司实现资源共享、统一管理，对客户的满意度能达到最佳状况，并且对样品的入库、出库和盘点等操作进行全面的控制和管理。

样品库存管理从级别、类别、款式、成分、货位、幅宽、纱线线密度（纱支）等不同角度定义成唯一的条码进行管理，以便用户通过扫描快速、准确查询样品详细情况。具体的成品采购入库管理界面如图 6－5 所示。

4. 测试子系统 测试管理子系统主要是对面料和样衣的测试计划和测试结果进行一个详细的归档管理。具体分为内部测试、工厂测试、专门机构测试、并可根据要求产生各种检测报表，便于其他各部门的使用。

5. 验货子系统 验货管理子系统为企业提供一个与整个系统全面集成的质量把关的信息手段，满足 ISO 9000 对生产过程各阶段的要求，它向公司的相关部门提供了产品的制造标准、质量标准等数据，使加工管理由经验化转为科学化、数据化和标准化，为提高生产效率，有效保证产品质量提供了数据标准，对提高贸易公司产品信誉起到重要作用。质检记录管理界面如图 6－6 所示。

6. 单据制作管理子系统 单据制作管理在出口贸易业务中起着举足轻重的作用，单据制作的及时、准确，直接影响出口报关的顺利与否。系统可根据客户合同，加入相应的单证条款，快速准确生成所有的单证。系统内置了二十几类三十多种单证，包括发票、装箱单、明细单、报关单、体积单、重量单、受益人证明、保险单、产地证、普惠制原产地证、一般许可证、汇票、海运提单、托运单、欧盟出口许可证、纺织品出口许可证、海关发票、商品检验申请书、出口证明、报关委托书等，以保证“单单一致”、“单证一致”，“单货一致”。出货明细表制作界面如图 6－7 所示。

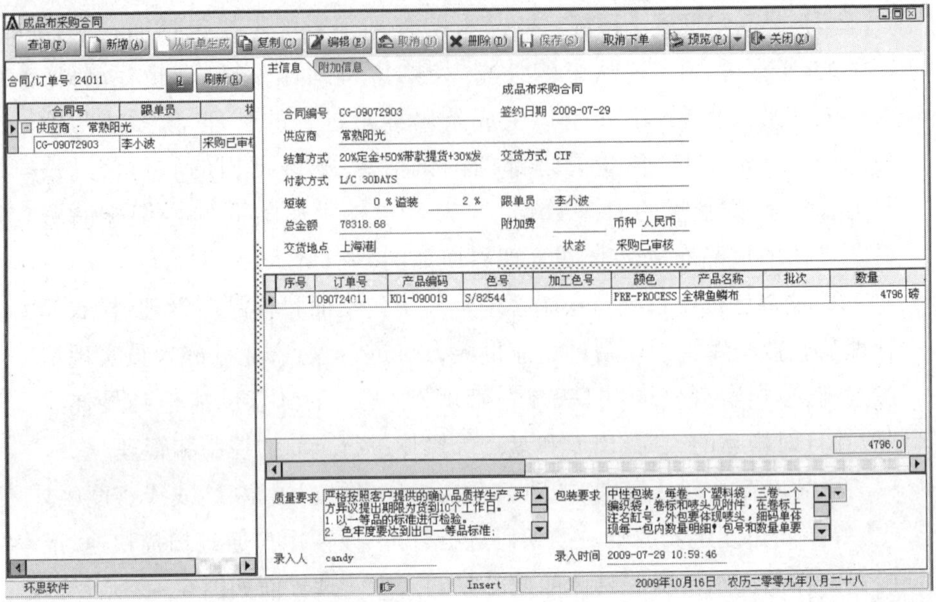

图6-4 成品布采购合同管理界面

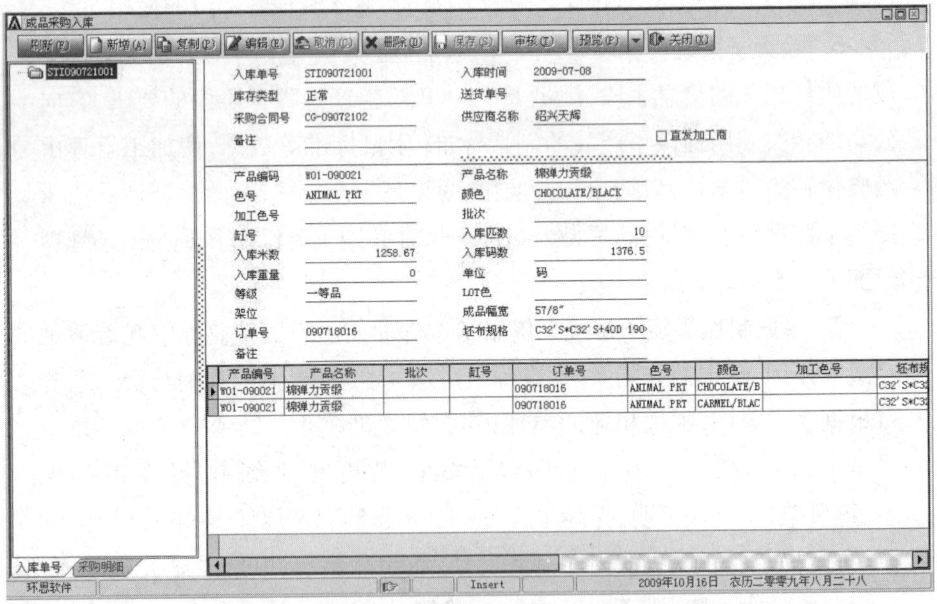

图6-5 成品采购入库管理界面

图 6-6　质检记录管理界面

图 6-7　出货明细表制作界面

参考文献

[1] 罗宾斯．管理学[M]．北京:中国人民大学出版社,2004.

[2] 中国国际贸易学会商务培训认证考试办公室．外贸跟单理论与实务[M]．北京:中国商务出版社,2006.

[3] 姚穆．纺织材料学[M]．北京:纺织工业出版社,1997.

[4] 杨元．Modal 纤维及其混纺织物性能的测试分析[J]．纺织科技进展,2005(1):63.

[5] 莫靖昱,吴佩云．几种新型纤维的性能特点[J]．科技咨询导报,2007,(1):13.

[6] 曹修平．印染产品质量控制[M]．北京:中国纺织出版社,2006.

[7] 金壮．服装品质管理实用手册[M]．北京:中国纺织出版社,2003.

[8] 冯麟．成衣跟单实务[M]．北京:中国纺织出版社,2007.

[9] 吴俊,刘庆．织造跟单[M]．北京:中国纺织出版社,2005.

[10] 张神勇．纺织品及服装外贸[M]．北京:中国纺织出版社,2008.

[11] 金淑娟．对纺织标准中色牢度评判等级的看法及建议[J]．中国纤检,2003(6):21.

[12] 赵展谊．针织学[M]．西安:西北工业大学出版社,2002.

[13] 李雅芝．印染布外观疵点样照[M]．北京:地质出版社,1996.

[14] D 3990 - 99(2004) Standard Terminology Relating to Fabric Defects

[15] http://www.standards.com.au

[16] http://www.astm.org

[17] http://www.techstreet.com

[18] http://www.iso.com

纺织专业总书目

纺织技术与应用

书　名	作　者	定价(元)
【纺织生产技术问答丛书】		
纺织品服装选购与保养245问	张弦	19.80
剑杆织机生产常见问题及解答	王鸿博	28.00
服装生产技术230问	范福军	22.00
纺织企业管理240问	张体勋	25.00
织物设计技术188问	李枚萼	19.80
毛纺生产技术275问	余平德　张益霞	32.00
环境保护知识450问	张树春	26.00
棉纺生产技术350问	任欣贤　薛少林	25.00
纺织空调空压技术500问	董惠民	29.80
机织生产技术700问	黄柏龄	34.00
针织生产技术380问	沈大齐	32.00
纺织印染电气控制技术400问	孙同鑫	26.00
【纺织检测知识丛书】		
纬编针织产品质量控制	徐红	29.00
棉纺试验(第三版)	刘荣清　王柏润	35.00
出入境纺织品检验检疫500问	仲德昌	38.00
纺织品质量缺陷及成因分析——显微技术法(第二版)	张嘉红	45.00
纱线质量检测与控制	刘恒琦	32.00
织疵分析(第三版)	过念薪	39.80
纺织品检测实务	张红霞	30.00
棉纱条干不匀分析与控制	刘荣清	25.00
纱疵分析与防治	胡树衡　刘荣清	18.00
电容式条干仪在纱线质量控制中的应用	李友仁	38.00
服用纺织品质量分析与检测	万融　邢声远	38.00
电容式条干仪波谱分析实用手册	肖国兰	65.00
纺织纤维鉴别方法	邢声远	32.00

纺织企业经营与管理

书　名	作　者	定价(元)
【纺织服装跟单手册】		
针织面料跟单	左中鹅　李志民	29.80
针织服装跟单	李顺利　左中鹅　何宇华	29.00
家用纺织品理单跟单	吴相	29.00
织造跟单	吴俊　刘庆	28.00

注:若本书目中的价格与成书价格不同,则以成书价格为准。中国纺织出版社图书营销中心门市、函购电话:(010)64168110 或登陆我们的网站查询最新书目。

中国纺织出版社网址:www. c - textilep. com

中国国际贸易促进委员会纺织行业分会

中国国际贸易促进委员会纺织行业分会成立于1988年,成立以来,致力于促进中国和世界各国(地区)纺织服装业的贸易往来和经济技术合作,立足为纺织行业服务,为企业服务,以我们高质量的工作促进纺织行业的不断发展。

➢ 简况

■ 每年举办(或参与)约20个国际展览会
涵盖纺织服装完整产业链,在中国北京、上海和美国、欧洲、俄罗斯、东南亚、日本等地举办
■ 广泛的国际联络网
与全球近百家纺织服装界的协会和贸易商会保持联络
■ 业内外会员单位2000多家
涵盖纺织服装全行业,以外向型企业为主
■ 纺织贸促网www. ccpittex. com
中英文,内容专业、全面,与几十家业内外网络链接
■ 《纺织贸促》月刊
已创刊十七年,内容以经贸信息、协助企业开拓市场为主线
■ 中国纺织法律服务网www. cntextilelaw. com
专业、高质量的服务

➢ 业务项目概览

➢ 中国国际纺织机械展览会(每两年一届)
➢ 中国国际纺织面料及辅料博览会(每年分春夏、秋冬两届,分别在北京、上海举办)
➢ 中国国际家用纺织品及辅料博览会(每年举办一届)
➢ 中国国际服装服饰博览会(每年举办一届)
➢ 中国国际产业用纺织品及非织造布展览会(每两年一届,逢双数年举办)
➢ 中国国际纺织纱线展览会(每年举办一届)
➢ 中国纺织品服装贸易展览会(美国纽约)(每年6月份在美国纽约举办)
➢ 中国纺织品服装贸易展览会(德国)(每年在德国举办)
➢ 组织中国服装企业到美国、日本、欧洲及亚洲等其他地区参加各种展览会
➢ 组织纺织服装行业的各种国际会议、研讨会
➢ 纺织服装业国际贸易和投资环境研究、信息咨询服务
➢ 纺织服装业法律服务

更多相关信息请点击纺织贸促网 www. ccpittex. com